Mallona

Der Untergang des Asteroiden-Planeten

Leopold Engel

Mallona

Der Untergang des Asteroiden-Planeten

Vorwort und Neubearbeitung von M. Kahir
Illustrationen von Franz Reins

TURM VERLAG · BIETIGHEIM/WÜRTT.

Gesamtherstellung: Verlagsdruckerei Otto Zluhan, Bietigheim-Bissingen
Schutzumschlag von Creativ GmbH Ulrich Kolb, Stuttgart
Illustrationen von Franz Reins
ISBN 3-7999-0044-6

VORWORT

von M. Kahir

Als Zeichen einer Katastrophe von unvorstellbarem Ausmaße kreisen in unserem Sonnensystem die Trümmer eines einstigen Planeten als tote kosmische Gebilde umher. Dort, wo heute der Schwarm der sogenannten Asteroiden seine Bahnen zieht, muß sich in vorgeschichtlichen Zeiten eine Tragödie abgespielt haben, über die für immer der Schleier eines ungelösten Geheimnisses gebreitet scheint. Nur durch logische Schlüsse vermag die Astronomie Theorien aufzustellen über ein Weltengeschehen, dessen gewaltige Spuren erst aus dem Dunkel traten, als die Sternphotographie immer mehr Zeugnisse von jenem Tatbestand an den Tag brachte. Blättert man in irgendeinem astronomischen Werk, so kann man im wesentlichen dazu folgende Angaben lesen:

„*Asteroiden,* auch Planetoiden genannt, sind eine Gruppe von Kleinstplaneten, die sich durch außerordentlich geringe Massen und Durchmesser auszeichnen. Ihre, wenn auch meist sehr unregelmäßigen Umläufe um unsere Sonne kennzeichnen sie als Planeten (Wandelsterne). Ihre Bahnen sind zum größten Teil auf den Raum verteilt, der von den Bahnen des benachbarten Mars, bzw. Jupiters begrenzt wird. Man kennt heute fast zweitausend solcher Asteroiden, deren Zahl und Bezeichnung insbesondere vom deutschen Kepler-Institut in Berlin in Evidenz geführt wird.

Schon frühzeitig vermutete man Zahlenbeziehungen zwischen den Sonnenabständen der Planeten, wodurch auch der frühere Astronom des 17. Jahrhunderts, Johannes *Kepler,* zur Entdeckung seiner drei Planetengesetze gelangte. 1766 stellte der Wittenberger Professor *Titius* eine Zahlenreihe auf, für deren Anerkennung sich besonders der Astronom *Bode* einsetzte. Diese als „Titius-Bode-Reihe“ bekannte Planeteneinordnung forderte zwischen den Bahnen von Mars und Jupiter das Vorhandensein eines Planeten, der jedoch am Sternenhimmel unauffindbar blieb.

Erst 1801 gelang es *Piazzi* in Palermo, auf dem in Frage kommenden Himmelsabschnitt wenn schon nicht einen größeren Planeten, so immerhin einen planetenähnlichen kleinen Weltkörper („Ceres“ mit 768 km Durchmesser) zu entdecken. Im Verlauf weiterer sechs Jahre wurden noch drei weitere Kleinplaneten („Pallas“, „Juno“ und „Vesta“ mit Durchmessern zwischen 200—500 km) aufgefunden. Es spricht für die geringe Größe der damals noch unbekannten Vielzahl von Planetoiden, daß der nächste Planetenzwerg („Asträa“) erst im Jahre 1845 entdeckt werden konnte. Und erst seit Einführung der Himmelsphotographie tauchten aus dem Dunkel des Firmaments jene Asteroidenschwärme (Planetensternchen) auf, deren Gesamtauffindung heute wohl fast als abgeschlossen gelten kann.

Außer den zuerst gefundenen *vier* relativ großen Asteroiden handelt es sich bei den anderen zumeist um Weltkörper allerkleinster Dimension, deren geringster Durchmesser sich auf wenig mehr als 10 km beläuft. Ihre Bahn ist äußerst unregelmäßig. So kann sich z. B. „Eros“ unserer Erde bis auf 600 000 km nähern (weniger als die doppelte Mondentfernung), während „Hidalgo“ zuweilen weit über die Bahn des Jupiters hinausflüchtet. Auch die *Neigungswinkel* der Asteroiden zur Ekliptik sind meist beträchtlich größer als die der anderen Großplaneten. Die gesamte Masse aller dieser Miniaturwelten wird auf kaum ein Tausendstel der Erdmasse geschätzt.“ —

(Diese geringe Masse mag wohl heute gelten, doch muß dieser Zustand ursprünglich durchaus nicht geherrscht haben. Denn die weitaus größere Zahl jener Bruchstücke dürfte längst von der Sonne, bzw. den anderen Planeten eingefangen worden sein. Vermutlich sind die beiden Kleinmonde des Mars (Deimos und Phobos), wie auch die auffallend dürftigen Kleinsttrabanten unter den Monden des Jupiter, Saturn und Uranus solche kosmische Trümmer, die in den Anziehungsbereich jener Planeten gerieten.)

Über die Entstehung der Asteroiden — ob aus eingefangenen Massen ehemaliger Kometen und Meteore, oder aus einem früher die Sonne umkreisenden Nebelring, oder aus Bruchstücken eines einst zerborstenen Planeten hervorgegangen — gehen die Ansichten der Wissenschaft auseinander. Letzterer Theorie billigt die moderne Astronomie heute die größte Wahrscheinlichkeit zu, doch widersetzt sich jenes raum- und zeitferne Geschehen naturgemäß jeder materiellen Beweisführung.

Umso bemerkenswerter ist es, daß wir aus anderen Quellen als denen der bloßen Naturbetrachtung Kunde über jene Katastrophe im Planetenreich erhielten, die sich ansonsten jeder Rekonstruktion entzieht. Zuerst tauchte dieses Thema wiederholt im Schrifttum des österreichischen Mystikers Jakob *Lorber* auf, der um die Mitte des vorigen Jahrhunderts auf geistig inspiriertem Wege u. a. auch Diktate über zahlreiche Schöpfungsgeheimnisse empfing. In seinem zehnbändigen Werke „Das große Evangelium Johannis" finden sich mehrfach Hinweise auf einen einstigen Großplaneten unseres Sonnensystems, der durch das Treiben einer technisch hochentwickelten, aber grundböse gewordenen Menschheit der völligen Zerstörung anheim fiel. Von wissenschaftlichem Interesse sind dabei die Parallelen zwischen Lorbers Angaben über die Beschaffenheit jenes Planeten und den Feststellungen der Astronomie über die heutigen Asteroiden. So schrieb Lorber u. a.:

„Zu Anfang der sechsten Erdperiode schwebte der später zerstörte Planet, umkreist von seinen vier Monden (!) zwischen Mars und Jupiter. An Größe kam er letzterem gleich, doch besaß er einen höheren Luftkreis, sowie eine stärkere Polneigung und damit eine schiefere Bahn um die Sonne. (!) Dann aber erfolgte die erwähnte Zerstörung, und diese Zertrümmerung teilte den ganzen Planeten in viele größere und kleinere Stücke. Nur die vier Monde blieben ganz (d. s. die heutigen vier größten Asteroiden, siehe oben! Kh.). Da selbe aber ihren Zentralkörper verloren hatten, gerieten sie in Unordnung und entfernten sich voneinander mehr und mehr, indem sie durch die Berstung des Planeten einen sehr merklichen Stoß erhielten. Die Stücke des Hauptplaneten zerteilten sich in dem breiten Raum zwischen der Mars- und Jupiterbahn. (!) Eine große Anzahl kleinerer Trümmer entfernte sich noch weiter hinaus. Etliche fielen auf den Jupiter, andere auf den Mars, einige sogar auf die Erde, die Venus, den Merkur und in die Sonne. Auf den Trümmern waltet kein organisches Leben mehr außer dem der Verwitterung und langsamen Auflösung . . ."

Als *Lorber* diese durch das Innere Wort empfangenen Mitteilungen um 1850 niederschrieb, waren somit außer den 1801—1807 entdeckten vier „großen" Kleinplaneten und den 1845 aufgefundenen weitaus kleineren Planetoiden noch keinerlei Spuren jener Überfülle von kosmischen Bruchstücken bekannt, die die astronomische Fachwelt später so in Erstaunen versetzte. Es ist das gleiche Bild wie bei dem Planeten Neptun, der in dem Lorberwerk „Die natürliche Sonne" (nachweislich entstanden 1842) eingehend nach Größe, Beschaffenheit, Entfernung, Umlaufzeit usw. beschrieben

erscheint, dabei jedoch erst 1846, also vier Jahre später von dem Astronomen *Galle* in Berlin erstmalig aufgefunden wurde. Den Zweiflern an der Möglichkeit innerer Schauung sollten diese historisch beglaubigten Tatsachen doch etwas zu denken geben.
Was durch Lorber über die Menschheit auf dem geborstenen Planeten und über den Grund seiner Zerstörung ausgesagt wurde, kann der interessierte Leser dem Bande „Der Kosmos in geistiger Schau" entnehmen. (Bd. 2/3 der Buchreihe „Das Weltbild des Geistes" — Lorber Verlag, Bietigheim-Württ.)

Eine Ergänzung dieser planetarischen Schilderungen empfing um die letzte Jahrhundertwende der in Berlin lebende Leopold Engel — ein Lorber sehr wesensverwandter Geist. Sein Buch „*Mallona*" entstand auf ähnlich-verwandtem und doch wieder andersgeartetem Wege. Er bediente sich dabei eines Hellsehmediums, das in ausgeprägtem Maße jene seltene Fähigkeit besaß, welche die Parapsychologie als das sogenannte „psychometrische Schauen" kennt. Über das Wie der Entstehung gibt seine dem Buch vorangesetzte Einleitung entsprechende Aufklärungen. Engel faßte die lange Kette von Visionen, die — vor dem geistigen Auge der Seherin wie ein lebendiger Film abrollend — von ihr zuweilen ekstatisch bewegt geschildert wurden, zu einem geschlossenen Ganzen zusammen. Und so gibt das Werk „Mallona" den bisher umfassendsten Rückblick auf ein raumfernes Ereignis, das sich als eine Weltkatastrophe in grauer Vorzeit abgespielt hat: die Vernichtung eines Planeten durch das eigene Menschengeschlecht, dem er als Wohnstätte bis zu ihrer geistigen Vollendung dienen sollte. Sowohl Lorber wie auch Engel wurde dabei auch ein mystisches Schöpfungsgeheimnis geoffenbart: daß die Bestimmung dieses einstigen Planeten nunmehr auf *unsere* Erde übergegangen sei als die Pflanzschule eines neuen Menschengeschlechtes, dem hier aufs neue Gelegenheit geboten wird, das Ziel zu erreichen, auf dessem Wege einst die Mallona-Menschheit scheiterte.

Der Bericht vom geborstenen Planeten spricht auch heute noch am sichtbaren Firmament eine erschütternde Sprache, man muß sie nur verstehen wollen. Ist es nicht eine große Warnung an die Erdenbewohner, dieses Trümmerfeld in nächster kosmischer Nachbarschaft? Darum sollten uns solche geistige Erläuterungen besonders ergreifen und die Menschheit bewegen, die unumstößliche Naturordnung achten zu lernen, um nicht das gleiche Unheil erleiden zu müssen wie die Weltbürger Mallonas, deren Herrschsucht und Besitzgier ihnen samt ihrem kosmischen Wohnhause zum Verderben wurde. Das Buch „Mallona“ ist ein großer und vielleicht letzter Warnruf in unserer Zeitwende. Denn auf Erden ist heute die Zeit gekommen, von der gemäß Lorbers „Großem Evangelium“ Jesus Christus einst weissagte:

„Auch die späteren Nachkommen eurer Erde werden diese schrecklichen Sprengmittel wieder erfinden samt einer Menge anderer Zerstörungswerkzeuge. Sie werden damit viele Verheerungen auf Erden anrichten. Daß sie aber damit nicht in zu große Tiefen der Erde gelangen, dafür wird von Gott aus vorgesorgt werden. Darum wird auf eurer Erde eine solche *völlige* Zerstörung niemals geschehen, doch werden große örtliche Verwüstungen gewiß stattfinden. Die Menschen werden dabei in große Angst, Schrecken und Trübsal geraten, und viele werden verschmachten vor Furcht und banger Erwartungen der Dinge, die über die Erde kommen“ ...

Diese Wort bedeuten zwar — entgegen den Verkündigungen mancher falscher Propheten von heute — keinen Weltuntergang, doch vermag sich wohl die kühnste Phantasie nicht vorzustellen, welche Auswirkungen Katastrophen von „nur“ kontinentalen Dimensionen in der Menschheit auszulösen imstande sind. Auf diese kommenden Dinge aber gilt es sich innerlich vorzubereiten. Denn alle echten Prophetien vom Altertum bis auf heute — geboren aus reingeistiger Schau — schildern übereinstimmend die Entwicklung der menschlichen Kultur bis zu einer großen Zeitenwende, die über den Fortbestand der Menschheit entscheiden wird. Unverkennbar wird dabei die Dämonie unseres technischen Zeitalters geoffenbart, dessen Mißbrauch der Atomkräfte die Verwirklichung jener Schauungen bereits in greifbare Nähe rückt. Was von altersher bis zur Gegenwart darüber geweissagt wurde von Propheten und Sehern, wurde in dem Buche von M. Kahir „Nahe an zweitausend Jahre“ (Gegenwart und Zukunft in prophetischer Schau) zusammengefaßt und entsprechend zeitgemäß kommentiert. (Turm-Verlag, Bietigheim-Württ.)

Es wird nun manchen Leser geben, der über dieses Seltsame den Kopf schüttelt und mit hundert Einwänden astronomischer, physikalischer, archäologischer und vielleicht auch theologischer Natur die Unglaubwürdigkeit der Mallona-Berichte, ja überhaupt all dieser übersinnlichen Dinge beweisen möchte. Es soll ein jeder dazu die Stellung nehmen, die ihm seine Erkenntnisfähigkeit bietet. Denn nicht ein neues Dogma wollen die Geisteslehren aus Tradition und Offenbarung machen, sondern sie wollen die Ergebnisse wissenschaftlicher Forschung und religiöser Lehren mit uralter Überlieferung vermählen, von der auch die Offenbarungsschriften eines Böhme, Swedenborg und Lorber ein ebenso lebendiges Zeugnis ablegen wie das Schrifttum Leopold Engels.

Trotz ungeheurer Teleskope, trotz Spektralanalyse und Himmelsphotographie gab es mit den Hilfsmitteln der Materie noch niemals einen Blick in die Wahrheit des Universums. Es wird ihn auch ferner nicht geben, denn das Wesenhafte des Makrokosmos ruht als Abbild der Unendlichkeit im Inneren des Mikrokosmos, dem Menschengeiste. Alles Vergängliche ist nur ein Gleichnis. Und so ist das sinnfällige Drama vom Ende eines Planeten zwar eine Wirklichkeit, aber nur ein Gleichnis der dahinter waltenden ewigen Wahrheit. Auch der Mensch unserer Erde steht heute im Zeichen des Atoms wieder an einem Wendepunkte, der nicht nur ihm, sondern auch seiner Wohnstätte, unserer Mutter Erde zum wandelnden und entscheidenden Schicksal werden kann. Blicken wir doch sehend auf das eindringliche Himmelszeichen in unserem Planetenreich, auf den Schwarm der Asteroiden als Denkmal kosmischer Vergänglichkeit — ein Werk ungesegneter Menschenhände! Sollte dies etwa keine Mahnung und Warnung für das Tun unserer verantwortlichen Zeitgenossen bedeuten?

Ernst und feierlich ziehen die Planeten ihre Bahnen und bilden eine Harmonie der Sphären, die nur das größte Schöpfungswunder, der Mensch in seiner Willensfreiheit, durch Mißklang zu stören vermag. Der Wille Gottes aber ist die Ordnung und seine Liebe fügt wieder zusammen, was Luzifer im Menschen und durch den Menschen zerbricht.

EINLEITUNG

Die merkwürdigen Entdeckungen der Psychometrie, jener Eigenschaft des inneren Gesichts, durch die längst Vergangenes für den Beschauer wieder in die Gegenwart zurückversetzt werden kann, hatten stets mein größtes Interesse erregt. In mir erwachte der lebhafte Wunsch, möglichst selbst psychometrische Bilder schauen zu können oder wenigstens ein geeignetes Medium zu entdecken, das in unzweifelhaft echter Art diese Fähigkeit besitzt. Alle Versuche, günstige Erfolge selbst zu erzielen, mißlangen völlig. So blieb nur der zweite Weg gangbar. Die Suche nach einer geeigneten Persönlichkeit wurde mit Ausdauer von mir betrieben, ohne zu ahnen, wie nahe die Verwirklichung dieses Wunsches lag. Bevor ich jedoch die Entdeckung jenes Mediums schildere, durch das die Veröffentlichung der folgenden merkwürdigen Bilder erst möglich wurde, ist es notwendig, einen kurzen Blick auf das Wesen der Psychometrie selbst zu werfen.

Es ist eine bekannte Tatsache, daß alle Dinge, welche jemals geschehen sind, nichts weniger als spurlos aus der Gegenwart verschwinden, sondern im Gegenteil im Weltenraum gleichsam photographiert aufbewahrt bleiben. Von jedem Geschehnis gehen Lichtschwingungen aus, die in den Weltenraum entschwinden. Gelänge es, diese Schwingungen an einem anderen Orte aufzufangen und in einem geeigneten Apparate zu sammeln, resp. auf einen Empfänger zu übertragen, so würde sich dasselbe Bild, gleichgültig auf welche Entfernung, wiederum so darstellen lassen, wie es durch die von der Quelle ausgehenden Schwingungen ausgestrahlt wurde. Eine solche Erfindung würde den Anfang jener Kunst bedeuten, welche die Psychometrie in vollendeter Art auszuüben vermag. Denn diese will nicht nur Gegenwärtiges, sondern längst Vergangenes reproduzieren vermöge der Tatsache, daß die in den Raum entsandten Schwingungen, die von einem Geschehnis ausgingen, eingeholt, gesammelt und zu einem Bilde wieder zusammengestellt werden können. Der Apparat, der diese wunderbare Leistung vollbringt, ist das *Gehirn.*

Entzieht sich auch das Gesetz, wodurch diese Dinge möglich werden, heute noch unserer Kenntnis, so bestehen doch die Wirkungen dieses Gesetzes. Denn es gibt Personen, die, sobald sie irgend einen Gegenstand an die Stirne halten mit dem lebhaften Wunsche, über dessen Herkunft genaue Auskunft zu erhalten, in klaren, lebhaften Bildern die Geschichte des Gegenstandes an ihrem geistigen Auge vorüber ziehen sehen.

Diese Entdeckung, psychometrisches Schauen genannt, kam wie so manche auf dem Gebiete des Okkultismus aus Amerika. Sie wurde dort namentlich durch Dr. Buchanan zu einem System ausgearbeitet, mittels dessen die merkwürdigsten Experimente möglich wurden. Schilderungen des Unterganges von Pompeji, von vulkanischen Ausbrüchen aus der prähistorischen Zeit unseres Erdballes u. a. wurden von geeigneten, mit psychometrischer Begabung ausgestatteten Persönlichkeiten gegeben. Die Umstände bewiesen klar, daß hier mehr als nur erregte Einbildungskraft im Spiele sein müsse, weil die Kenntnisse der betreffenden Personen über die geschilderten Ereignisse nicht ausreichten, um diese Bilder lediglich als Spiel der Phantasie zu erklären.

Es ist leicht einzusehen, daß der Wunsch, solche Fähigkeiten auf ihre Wahrheit oder Unwahrheit hin zu prüfen, sich zu lebhaftem Verlangen eines Forschers gestalten muß, der die Probleme der menschlichen Seele auf dem Gebiete ihres magischen Könnens verfolgt und naturgesetzmäßig zu lösen bemüht ist. In diesem Bestreben hatte ich mich seit Jahren mit einem wissenschaftlich hochgebildeten Freund vereint, dessen ärztlicher Beruf ihn ganz besonders geeignet machte, den dunklen Schatten des Unbewußten im Menschen nachzuspüren und dessen Beobachtungen nicht leicht dem von Gegnern gern gemachten Vorwurf der Beobachtungsfehler unterlagen, noch weniger aber einem Selbstbetrug oder der Überschätzung der gewonnenen Resultate.

In seiner eigenen Familie machten wir Versuche mit Psychometrie, und zwar mit überraschendem Erfolg. Bald erwies sich seine Tochter als ein hervorragendes, schnell immer vollkommener werdendes Medium, die bei vollem Bewußtsein imstande war, mit überraschender Korrektheit die Herkunft eines jeden Gegenstandes und was sonst mit dessen Geschichte zusammenhing zu berichten. Die Mitteilungen durch die junge Dame beschränkten sich zuerst nur auf alltägliche Dinge, deren Richtigkeit kontrolliert werden konnte und uns Experimentierenden bekannt waren. Dann aber gingen wir zu Gegenständen über, deren Herkunft uns selbst unbekannt blieb, die wir jedoch nachträglich kontrollieren konnten; stets wurde mit größter Genauigkeit alles berichtet.

Eines der ersten Experimente ist mir besonders in Erinnerung geblieben, weil es charakteristisch ist für die Art dieses Schauens und gleichzeitig den Beweis lieferte, daß wir keiner Selbsttäuschung unterlagen. Wir hatten bei einem mit Gipsfiguren handelnden Bildhauer eine kleine Figur erstanden, die uns von der Verkäuferin ohne jede weitere Auskunft übergeben worden war. Zuhause ersuchten wir die junge Dame, uns über deren Herstellung eine kleine Schilderung zu geben. Der Bildhauer war uns bekannt, wir demnach in der Lage, die Angabe nachzuprüfen.

Das junge Mädchen legte die Stirn an die Figur, schloß die Augen und erzählte uns sofort, sie sähe den Laden, in dem wir die Figur kauften. Wir wären beide zugegen — man gäbe uns die Figur, wir zahlten zwei Mark dafür. — Jetzt verändert sich das Bild — ein Mann mit Bart im weißen Arbeitsanzug stehe allein im Laden (es war der uns bekannte Bildhauer); eine Frau, seine Frau, trete in den Laden durch eine hintere Tür ein, sie hat die von euch gekaufte Figur in der Hand; sie redet ihren Mann an, sie habe auf einer Wohltätigkeitslotterie diese Figur gewonnen — sie weiß nichts damit anzufangen, — sie sagt, vielleicht kauft sie jemand. Ihr Mann lacht, er nennt sie seine kleine praktische Frau, — er stellt die Figur auf den Tisch und schreibt 2 Mark als Preis auf den Sockel. — Ich sehe jetzt einen großen Saal, — lange Tische, mit Geschenken bedeckt, — an einem Tisch werden Lose verkauft, — die Dame aus dem Laden kommt, — sie kauft fünf Lose, — sie öffnet sie, — sie hat zwei Gewinne, — sie geht zur Gewinnausgabe, — ach, da steht die Figur, man gibt ihr diese und noch eine kleine Ledertasche. — In dieser Weise wurde noch ausführlicher die Herkunft der Figur, immer weiter rückwärts in die Vergangenheit gehend, geschildert. Diese Dinge zu erzählen ist zwecklos, weil wir nicht in der Lage waren, die Wahrheit der Angaben festzustellen, wohl aber vermochten wir es über das bis dahin Geschilderte. Es stimmte alles auf ein Haar!

Längst schon hatten wir die Überzeugung gewonnen, daß unser Medium ein absolut sicheres Ferngesicht besaß, die vielfachen Beweise hiefür waren schlagend. Eines Tages fiel mir ein, demselben einen Ring zur Prüfung zu übergeben, dessen merkwürdiger Stein schon manchem Archäologen ein Kopfschütteln abgenötigt hatte. Der Ring enthielt eine antike Gemme: auf weißem Grund zeigt sich ein erhaben brauner Kopf von eigentümlichem Gesichtsschnitt und merkwürdigem Helmaufsatz. Der Stein ist kein Achat, dessen verschieden gefärbte Adern besonders gerne zu derartigen Darstellungen benutzt werden, sondern ein Stein, dessen Herkunft nicht festzustellen ist. Am ähnlichsten erscheint er noch unserem Quarz, reagiert jedoch nicht auf Proben mit Salzsäure, denn letztere griff ihn nicht an. Gesicht und Helmschmuck des Kopfes hatten nichts ähnliches mit anderen Gemmen bekannter Museen aufzuweisen, so daß jeder Archäologe über die Herkunft dieses alten, aus unbekannter Zeit stammenden Ringes im unklaren blieb.

Die junge Dame prüfte den Ring, resp. die denselben enthaltende Gemme, und es entwickelten sich die frappierendsten Bilder, die in den nachfolgenden Blättern zu einem übersichtlichen Ganzen zusammengestellt worden sind. Es wurde uns damit durch Psychometrie ein Einblick in eine uns gänzlich fremde und dennoch wiederum bekannte Welt gegeben. Jene Bilder führen uns auf einen unserem Sonnensystem einst angehörigen Planeten, der vor langen Zeiten zerstört wurde durch die Schuld des ihn bewohnenden Menschengeschlechtes. Ein furchtbares Zeugnis, wohin der Wahn und die Verworfenheit des Menschen führen kann, der sich selbst höher dünkt als die das All regierende göttliche Kraft.

Die Gesetze der Psychometrie ergeben (man vergleiche das geschilderte Beispiel), daß sich die Ereignisse, immer mehr die Vergangenheit erschließend, rückläufig darstellen. Da jedoch eine Erzählung gerade den umgekehrten Weg geht, so sind in dem folgenden Gang der Handlung zwar alle Schilderungen genau wiedergegeben, jedoch der Art entsprechend, wie es der Leser gewöhnt ist, d. h. fortschreitend und nicht rückläufig. Es war eine Bearbeitung der nur in abgerissenen Sätzen dargestellten Bilder notwendig, die zwar sehr oft lange Dialoge der auftretenden Personen enthielten, deren stenographisch mitgeschriebener Wortlaut jedoch in seinem ursprünglichen Text ermüden würde.

Die Aufgabe des Schriftstellers war es, ein geschlossenes Ganzes zu bieten. Diese Arbeit hoffe ich geleistet zu haben, ohne dabei dem psychometrisch Geschauten etwas hinzuzusetzen oder abzunehmen. Möge der Leser Gefallen an der Arbeit finden, mehr aber noch Nutzen ziehen aus den Lehren und den Darstellungen, die sich ihm nun erschließen werden.

Der Verfasser

VON DER ERDE INS WELTALL

Von vielen Erdenbewohnern, die nachts zum gestirnten Himmel emporschauen, wird oft der Wunsch gehegt, sie möchten den unendlichen Raum durchdringen und hinübereilen zu jenen ferne leuchtenden Welten, die unsere Nächte so glanzvoll verschönen. Zu jenen Sonnensystemen mit ihren vermuteten Planeten, um zu erfahren, ob auf jenen Welten auch menschliche Wesen leben gleich denen unserer Erde, und ob diese ebenfalls unter den Gesetzen des vegetabilen und intellektuellen Lebens stehen, die den Menschen auf der Erde ins Leben riefen. Tausend neue Fragen drängen sich dem auf, der jemals den Versuch gemacht, diese Hauptfrage zu lösen, deren endgültige Beantwortung in dem irdischen Leben, das uns *körperlich* an unseren Planeten gefesselt hat, wohl nie beantwortet werden kann. Wird es jemals dem Menschen gelingen, Mittel und Wege zu finden, um den Weltraum im Körper zu durcheilen? So weit es auch die Technik noch bringen wird, die irdische Sphäre scheint jedem Wunsch eines waghalsigen Fluges auf körperlichem Wege unüberwindliche Hindernisse entgegenzusetzen. Die Kunst des Ingenieurs und des Physikers erlahmt an dem gebieterischen Halt der Mutter Erde, das sie ihren Kindern, die sich körperlich ihrem Schoße entwinden möchten, zuruft.

Anders ist es mit dem Geiste, der nicht aus ihrem Schoße entsprungen; sie kann ihn nicht fesseln, sie kann ihm nicht zurufen: Ich gebiete dir zu bleiben innerhalb der Grenzen meines Reiches! Ein Gottessohn, geboren aus dem Wesen des Alls, durchdringt er das All, seine ewige Heimat, aus der er entsprossen, und die ihm auch, hat er sich einmal seinem stofflichen Kerker entwunden, alle Geheimnisse offenbart.

Wir sind im innersten Wesen Geist, Gotteskinder aus dem urewigen Gottesgeiste! Wir ersehen in dem Spiegelbilde unseres Seins das Wesen des ewigen Weltenschöpfers, vor dessen Walten wir wohl in Ehrfurcht erschauern, jedoch nicht in Furcht vor dessen Allgewalt erzittern. Denn wir erglühen in Liebe, je mehr wir erkennen, wie alles wohlgetan, das aus seinem Willenszentrum fließt. Wir empfinden, daß dieses All nie uns feindlich ist, wenn wir nicht selbst uns töricht ihm entgegenstellen; daß es uns freundlich, dienlich, heilbringend ist, wenn der Mensch die tiefe Wahrheit des Urgesetzes alles Lebens erkennt: Schöpfer und Geschöpf sind nicht getrennte Wesen, sondern sollen darstellen eine Ehe, die ihre reichsten Früchte in steter Vollendung zeitigt.

Auch mein Geist erkennt diese Absicht des Weltplanes und so erkühne ich mich, einzudringen in die Geheimnisse seines Werdeganges, einen kleinen Teil desselben zu erforschen. Ich befreie mich von den Banden des irdischen Körpers, schwinge mich empor in den ewigen Raum, tief unten die Welt, Stätte der irdischen Leiden und Freuden, zurücklassend.

Ich steige empor in sonnendurchglänzte Lüfte. Über mir wölbt sich ein tiefes Blau, das sich allmählich zu einem undurchdringlichen Schwarz verdichtet, je höher ich die Atmosphäre der Erde durchdringe. — Jetzt habe ich diese hinter mir gelassen und schwebe frei im unendlichen Raume. Unter mir sehe ich die mächtige Erdkugel schweben, deren Umfang sich immer mehr verkleinert, je höher ich einem mir unbekannten Ziele entgegenziehe. Die Sonne durchwärmt die Stille des Raumes nicht mehr, wohl aber spendet sie noch ihr Licht, denn ich durchquere nicht den Erdschatten, der als langer Kegel sich in die Unendlichkeit verliert.

In dieser ewigen Stille und Öde erzittert die menschliche Seele. Denn sie empfindet hier das Walten der unsichtbaren Gottheit, deren Wille alle die glänzenden Gestirne zwingt, sich nach den Gesetzen zu bewegen, die sie aus eigener Machtvollkommenheit aufgestellt. Auch ich bin ihnen untertan, ich — dem es vergönnt ist, als ein vom Irdischen losgewundener Geist all diese Erhabenheit zu schauen, die Werke des Ewigen zu bewundern.

Immer höher geht der Flug. Rechts von mir scheint eine Welt auf mich zuzukommen als eine glänzende Scheibe, die sich allmählich vergrößert und im rötlichen Schein das Licht der Sonne widerstrahlt. Ich weiß, es ist der Planet *Mars*, der sich rechts von mir liegend meinen Blicken zeigt, so nahe, wie keines Astronomen Auge ihn je gesehen. Jetzt sinkt auch er unter meine Füße, denn immer höher geht der Flug, einem Gestirn entgegen, das sich gerade über meinem Haupte befindet. Unter mir gewahre ich die Scheibe der Erde, noch deutlich kann ich die Flecken erkennen, die ihre Meere bilden, die Kontinente zeichnen sich hell ab. Ich erkenne Europa, aussehend wie eine Halbinsel des gewaltigen Asien. Afrika und am Rande der Kontinent von Amerika tauchen auf.

Immer höher geht der Flug, den eine mir unerklärliche Kraft ermöglicht. Und jetzt — jetzt vergrößert sich zusehends der Planet, der über meinem Haupte schwebt und dem mich die treibende Kraft zusteuern läßt. Was ist das? Zeigt sich mir ein Abbild der Erde? Deutlich hatte ich die Ländermassen der Erde in Erinnerung und nun sehe ich in ähnlicher Form das Abbild derselben? Ist das eine Absicht der schaffenden Hand des Schöpfers, die jenen Planeten entstehen ließ, der sich immer mehr meinen Blicken enthüllt?

Deutlich kann ich zwei getrennte mächtige Erdteile erkennen, sie gleichen denen von Amerika, nur daß die

Landenge von Panama fehlt und das Meer sich ungehindert zwischen beiden ergießt. Am linken Rande tauchen weitere Kontinente auf. Der Flug wendet sich ihnen zu und je weiter eine Wendung erfolgt — augenscheinlich, um die andere Seite des Gestirnes zu erreichen — sehe ich nun, daß diese der Gestalt des zusammenhängenden Asiens mit Europa ähnelt. Die mich treibende Kraft führt mich der noch unsichtbaren Seite des Planeten zu, die, der Sonne abgewendet, im Dunkel seines Schattens liegt. Immer mehr mich dessen Oberfläche nähernd, nimmt die riesige Wölbung der Kugel den ganzen Horizont bereits ein. Bald werde ich erkennen können, was ihre Oberfläche birgt, noch ist die Entfernung für das menschliche Auge zu weit. —

Was ist das für ein Gestirn, dem ich zueile? Nach der Bahn des Mars, die ich durchschnitten, folgt doch die Zone der Asteroiden, nach dieser die Bahn des Jupiter! Jupiter aber ist es nicht, ich müßte seine Monde auch erblicken, doch dieser Planet scheint keinen Trabanten wie die Erde zu besitzen. Ist es einer der größten jener *Asteroiden*, die in großer Anzahl jenen Raum durchlaufen, an dessen Stelle jahrelang ein Planet gesucht und nicht gefunden wurde, bis die Kraft des Fernrohres zuerst vier allerdings nur kleine Welten entdeckte? Er scheint mir zu mächtig in seiner Masse, auch findet das Auge im Raum keinen der Genossen, die doch diese Bahn mit ihm teilen? — Wer bist du, unbekannte Welt, der ich entgegeneile, die mir jetzt so nahe kam, daß ich farbige Abstufungen von Wäldern, Flächen, Seen, Meeren und Flüssen erkennen kann. Enthülle mir deine Herkunft, deinen Namen! —

Da zuckt es durch meine Seele: „Du siehst die Trümmer einer einstigen großen, schönen Welt, die jetzt als Asteroiden den Raum durchschwirren, wieder zusammengefügt zu einem Ganzen. Der einstige Planet, er ist in seiner Schönheit wiedererstanden vor deinen staunenden Augen, denn du sollst von ihm Kunde geben, den keines Menschen Augen je vor dir sahen! Du sollst schauen, was vor Jahrtausenden auf ihm geschehen, sollst Zeugnis geben von dem großen Weltengeist, der geschehen ließ, was er nicht hindern wollte um des großen Zieles willen, das es zu erreichen galt!" —

Ich komme immer näher, — da — tiefe Dunkelheit umgibt mich, schwarze, tiefe Nacht. Ich bin in den Schatten des Planeten getaucht und mit rasender Geschwindigkeit eile ich jetzt dem Ziel meiner Reise zu. Ich atme Luft wie auf Bergeshöhen, Wolken werden von mir zerteilt. Dunkle Bergspitzen strecken sich mir drohend entgegen, als wollten sie es versagen, daß mein Fuß das Land betrete und dessen Geheimnisse verrate, — doch nichts kann mich hindern.

Über Berge, Klüfte, rauchende und feuerspeiende Vulkane hinweg verlangsamt sich mein Flug; das Donnern brandender Wogen schlägt an mein Ohr, grüne Matten dehnen sich auf sanft gewölbten Bergen, matt erleuchtet von dem Glanze einer wunderbaren Sternenwelt und dem ersten Schimmer eines jetzt heranbrechenden Morgens. Auf einer solchen Höhe, von wallenden Nebeln umgeben, die die Aussicht auf das tieferliegende Land noch verschleiern, endet meine wunderbare Fahrt von der Erde zu jenem fernen Planeten. Ich stehe auf dem Gebiete von *Mallona*, der einst zerstörten Welt unseres Sonnensystems.

DIE HERKUNFT DES RINGES

Langsam rötet es sich im Osten. Die Sonne steigt majestätisch empor über den Horizont und verscheucht die wallenden Nebel, die rings umher die tiefen Täler dem Blick verhüllen, die Höhen des Gebirges noch verschleiern. Es wird lichter, die Gegend wird klarer. Immer mehr enthüllt sich die den hohen Berg umgebende Landschaft, auf dessen dem Meere zugewandter Seite der kühne Flug geendet hatte.

Ein lebhafter Wind, der vom Meere herweht und dessen Fläche zu leichten, schaumgekrönten Wellen kräuselt, zerreißt die letzten gespensterhaften Nebelstreifen. Jetzt liegt die Landschaft klar vor mir in der Röte eines herrlichen neuanbrechenden Morgens. Wie so ganz der Erde ähnlich ist doch diese Gegend, nur alles gigantischer und mächtigeren Eindruck auf die Seele ausübend.

Der Berg, von dessen Gipfel ich herabschaue, ist hoch bewachsen mit Bäumen und Gesträuchen, die auch unsere Erde trägt. Er ist der letzte in der Reihe einer imposanten, jedoch lieblichen Gebirgsreihe. An ihn reiht sich eine Gebirgsszenerie von wild zerrissenem Charakter, die, wie es scheint, von noch nicht erstorbenen vulkanischen Kräften gebildet wurde und wohl auch noch von diesen verändert wird. So weit das Auge reicht, wird hier das Meer durch hochemporstrebende, gewaltige Felsen abgeschlossen, die dessen Fluten einen unübersteigbaren Wall entgegensetzen. Dieser ist dringend nötig, denn — ein merkwürdiger Anblick — nur eine kurze Strecke hinter der natürlichen Schutzwehr beginnt das Land zu sinken und bildet eine Einsenkung, die bedeutend tiefer als das Meer liegt. Wehe dem Land dort unten, wenn jemals die gewaltige Felsenmauer zerrisse: unwiderstehlich würden sich die Fluten in jene Senkung ergießen und alles zerstörend mit den Gewässern des Meeres bedecken.

Dort hinten am Horizont sehe ich Rauch aufsteigen; ab und zu zucken Flammen auf, denen ein leiser, unterirdischer Donner folgt. Vulkanische Kräfte müssen dort tätig sein und einen Kampf führen mit dem Meere, das hier eine tiefe Bucht in das Land einschneidet und auch dort von dem Herde jener Eruptionen nur durch jene fortlaufende, hochstrebende Felsenmauer getrennt wird.

Ich hegte den Wunsch, diese Stätte näher ins Auge zu fassen. Und siehe, leicht wie eine Feder hebt sich mein Körper in die Lüfte und strebt dem Ziel meines Wunsches zu. — Jetzt kenne ich die treibende Kraft, die mir die Reise von der Erde aus ermöglichte: es ist mein Wille, der stärker ist als der Widerstand, den die Materie bildet.

Welch fürchterlicher Anblick wild tobender und entfesselter Naturkräfte bietet sich hier! Ähnliches gibt es nicht auf Erden. Jetzt sehe ich, daß eine andere, fremde Welt von mir betreten wurde. Es ist ein Höllenrachen, der sich hier zeigt. Nehmt alle Vulkane unserer Erde, häuft sie zusammen auf einen Fleck, so habt ihr ein Bild von dem, was sich hier zeigt. — Nicht nur einen einzigen Schlund, aus dem glühende Lavamassen, Flammen und erstickende Dünste sich ergießen, gibt es hier. Nein, so weit das Auge reicht, reiht sich Krater an Krater, eine tätige Werkstätte gewaltiger Kräfte. Hier ist das wahrhaftige Reich des Pluto und Vulkan, hier sind sie unumschränkte Gebieter. Aber ihr Feind, der Gott Neptun, der Herr aller Wasser, zeigt sich in bedrohlicher Nähe. Alles Land, von vulkanischen Eruptionen so wild zerrissen, zeigt gleichzeitig die merkwürdige Depression, wie wir sie auch auf Erden kennen. Wäre nicht der Felsenwall, der das Meer begrenzt, es müßte sich unaufhaltsam in jene Feuerschlünde stürzen. Wehe dann diesem Lande, es ist nicht abzusehen, welch fürchterliche Katastrophe über dasselbe hereinbrechen würde!

Ich schwebe an dem Felsenkamm entlang durch diese Gegend des Schreckens, aus deren Kratern unaufhörlich Flammen und feurige, oft mit betäubendem Lärm in den Lüften zerplatzende Bomben aufsteigen. Jetzt gelange ich, in rasender Geschwindigkeit die Lüfte durcheilend, zu dem Ende dieser schreckensvollen Landschaft. Hohe Berge fallen schroff zum Meere ab, nackte Felsen starren längs der Küste und bieten einen ungastlichen Aufenthalt dem armen Schiffbrüchigen, der sein Leben vielleicht hierher gerettet. Dort springt ein Vorgebirge weit ins Meer, eine Bucht schließt sich dahinter an und sieh, gleich einer freundlichen Oase in der Wüste zeigt sich am Gelände dieser Bucht ein freundliches Landschaftsbild.

Hier grünt und sprießt es hervor von wunderbaren Blumen, Sträuchern und Bäumen, ein kleines Paradies offenbart sich dem erstaunten Blick. Es ist rings eingeschlossen von hohen, schroff abfallenden Bergen, von denen anscheinend ein Niedersteigen zur Küste unmöglich; nach der Meeresseite hin geöffnet, wird die paradiesische Bucht durch eine Felsenbank geschützt, die die Kraft der Wellen bricht: ein natürlicher Hafen, in dem des Wassers ruhige Fläche die himmelhohen Berge widerspiegelt. Hier hat die gütige Natur einen Ort des Friedens geschaffen, gesichert vor den gewaltigen Kräften des *Feuers*, die man zeitweilig mit dumpfem Donnern hinter den Bergen poltern hört, sowie des *Wassers*, dem es unmöglich ist, über die Felsenbank hinweg den Strand mit verzehrender Gewalt zu überfluten.

In dem weiten Halbkreis dieser sturmgeschützten

Bucht hat sich eine üppige Vegetation entwickelt. Voll behangene Fruchtbäume stehen umher und laden zum Genuß; ein Quell entspringt an der Felsenwand und plätschert abwärts dem Meere zu. In der Mitte des Halbkreises haben die einst wohl durch Erdbeben abgestürzten Felsenmassen eine Art Terrasse erbaut, sodaß es möglich ist, bis zu einem Drittel des schroff abfallenden Gebirges hinanzusteigen. Auch hier hat das verwitternde Gestein ein fruchtbares Erdreich geschaffen, alles grünt und blüht dort in leuchtenden Farben. Dieser anscheinend weltverlassene Winkel bietet in Fülle was die gütige Mutter Natur zu geben vermag. —

Heller Tag ist es inzwischen geworden, die Sonne übergießt mit warmen Strahlen das kleine Paradies. Hier ist es wohlig, hier wohnt der Frieden. Ob auch Menschen? Es scheint fast nicht. Doch regt sich nicht etwas auf der Terrasse?

Ganz recht, dort sehe ich einen jungen Menschen! Notdürftig bekleidet mit Fellen, macht er den Eindruck, als sehe man einen der jungen Germanen, wie sie einst in den Wäldern Deutschlands gehaust haben mögen. Die abgestürzten Felsblöcke haben auf der Terrasse eine Höhle gebildet, die, dicht umwachsen von blühenden Schlingpflanzen, einen eigenartigen Anblick bietet. Man könnte glauben, einen von Gnomen gebildeten Felspalast vor sich zu sehen, dem die Zauberkunst ihrer Bewohner einen mit märchenhafter Blumenpracht geschmückten Eingang verliehen hat. Es duftet und blüht ringsum. Brennende Farben der Blütenkelche erfreuen das Auge vor dem Eingang der Höhle, in die der junge Mensch nun verschwunden ist. Ein herrlicher Blick auf Meer und Bucht bietet sich von dieser Höhe aus. Wahrlich ein Wohnstätte, die jeden Freund der Natur entzücken muß. —

Jetzt regt es sich in der Höhle, und auf den Jüngling gestützt tritt langsam eine Ehrfurcht gebietende

Gestalt hervor. Es ist ein Greis mit langwallendem Haupt- und Barthaar. Und welch ein Auge! Das ist der Blick eines Menschen, der sich losgerungen von dem Leid des Daseins, der nur lebt in der Erkenntnis seines Gottes und die Tiefen der Schöpfung zu ergründen vermag. So mögen sie ausgesehen haben, die gewaltigen Propheten Israels, die ohne Menschenfurcht einherschritten, furchtlose Verkünder des Wortes und Willens Jehovas.

Ein einfaches, die ganze Gestalt umhüllendes grobes Gewand — um die Hüften gehalten von einem ledernen Gürtel — bekleidet den muskulösen Körper des Alten, der keineswegs ein schwacher Greis, sich nur liebevoll auf den jungen Mann an seiner Seite stützt. Langsam kommen beide hervor; jetzt schreitet der Alte allein voraus, ehrfürchtig bleibt der Jüngere zurück. Der Alte streckt seine Hände zum Himmel und kniet nieder. Seine Lippen bewegen sich im stummen Gebet. Gleich einer Statue bleibt er in unbeweglicher Stellung. Auch der Jüngere kniet nieder und beugt das Haupt auf seine Brust, die Arme über diese gekreuzt.

Der seltsame Ort, das leise Rauschen des Meeres, das gemeinsam mit dem weitentfernten Donner vulkanischer Eruptionen die sonstige Stille nur unterbricht, — die unbeweglichen Gestalten der beiden anscheinend einzigen Bewohner dieser Felsenhöhle, übergossen von dem warmen, hellen Lichte der immer höher steigenden Sonne, im tiefen Gebet versunken ihrem Gotte dienend: das ist ein Bild von mächtigem Eindruck! Es erfüllt mich mit Ahnungen großer Dinge, die sich enthüllen werden.

Der alte Mann neigt das Haupt tief zur Erde. Seine emporgestreckten Arme kreuzen sich über seine Brust. Er murmelt leise Worte und scheint einer Person, die ich nicht sehen kann, zu antworten. — Längere Zeit dauert diese Unterhaltung mit einem unsichtbaren We-

sen. Jetzt erhebt sich der Alte, sein Blick sucht den jüngeren Gefährten und dieser eilt auf ihn zu.

„Muraval", tönt es von seinen Lippen, „Allvater gab mir Aufklärungen über das Schicksal, dem *Mallona* entgegen geht, wenn nicht bald ein besserer Geist die Herzen jener umstimmt, die sich Herrscher der Welt nennen. Würdest du bereit sein, die Befehle Allvaters zu erfüllen, die er mir gibt?" —

Der Jüngling antwortet: „Vater, alles was du mir sagst, werde ich tun, denn ich weiß, du forderst nichts von mir, was nicht im Willen Allvaters liegt!"

„Komm, setze dich zu mir", sagt der Alte und wendet sich zu einem flachen Felsstück, einer natürlichen Bank am Eingang der blumenumrankten Höhle.

Merkwürdig, ich verstehe die Sprache dieser Menschen, obgleich sie doch ein mir gänzlich fremdes Idiom reden! Es ist also wahr, daß der freie Geist unabhängig ist von der Form des Wortes, nur der in diese eingekleidete *Begriff* spricht zu ihm und er versteht den Eindruck, den Worte hervorrufen, gleichviel in welcher Form er versteckt liegt. Jetzt begreife ich, was es heißt, das Wort ist lebendig; Wort ist der von Buchstaben oder Lauten nur umschlossene Begriff, der unabhängig ist von seiner toten Hülle; gleichwie ich nun unabhängig bin von meinem den Geist umhüllenden Körper.

„Muraval", sagt nun der Alte zu dem Jüngling, „die Stunde ist gekommen, in der ich dir erklären darf, wozu uns Allvater in diese Gegend wandern hieß, die ich nunmehr mit dir schon siebzehn Kreisläufe allein bewohne. Zum siebzehnten Male stieg heute die Sonne dort an dem geschweiften Felsenufer dieser Bucht aus dem Meere empor, als zeichne jener Felsenbogen ihr die Bahn am Himmelszelte. Nur einmal in jeder Jahrung gleitet sie langsam an dessen Kante hin, ohne den Schatten des Felsens in die Bucht zu werfen; was wird geschehen sein, wenn die achtzehnte Jahrung naht?

(Name u. Vorname)

(Beruf)

(Straße)

(Wohnort)

Ich kaufe meine Bücher bei der Buch-

handlung

Weitere Interessenten

Antwortkarte

An den
Turm-Verlag
Postfach 229

D 7120 Bietigheim/Württ.

Muraval, du weißt doch, hinter jenen Bergen wohnen Menschen, die wir fliehen. Sie wissen nichts von uns, doch habe ich dir gezeigt, wie sie so ganz anders gesinnt sind als wir. Du weißt, was Sünde ist, und daß jene drüben nur der Sünde dienen. Einst lebte ich mitten unter ihnen, geehrt und umgeben von allem Glanz, den sie sich geben können. Doch nicht den äußeren Schimmer suchte ich, ich fand Befriedigung nur im Suchen nach der hehren Wahrheit, die nicht im Weltgetümmel lebt, für die in uns der gute Gott, Allvater allein eine Wohnstätte bereitet hat.

Ich sehe, wohin es führen muß, wenn nicht noch einmal jenen Selbstherrlichen dort hinter den Bergen die Wahrheit gepredigt wird, ihnen ein Spiegel vorgehalten wird, in dem sie sich selbst erkennen können. Möchten ihre Herzen dann gerührt, ihr Sinn geändert werden.

Muraval, mein Sohn, wisse, daß König Areval nunmehr den Erdkreis beherrscht. Es ist ihm gelungen, durch die Kraft seines Feldherrn Arvodo den letzten Widerstand zu brechen, den ihm der vierte und letzte Teil des Mallonakreises entgegenstellte. Er beherrscht nunmehr Mallona ganz und gar. Ein Reich, ein unumschränktes Weltenreich ist ihm eigen.

Doch glücklich ist er nicht. Der Druck, den seine Untertanen von den Großen des Königs ertragen müssen, hat sie längst zu Sklaven, fast zu Tieren gemacht. Unsäglicher Hochmut, Genußsucht, alle Freuden und Lüste des Daseins findest du bei den Hohen, tiefste Schmach und Erniedrigung, Hunger und Not bei den Niedrigen. Nur das Heer des Herrschers, durch das er seine Macht erhält, lebt in Freuden und Fülle: alles ist dem Krieger zu eigen, er ist der wahre Herrscher, der Gewalttätige, der dem Könige dient, um sich zu dienen.

Wie so ganz anders könnte, sollte es sein auf unserer schönen Welt. Anstatt einer Stätte des Fluches wäre

Mallona eine der erhabensten Freuden, wäre nicht der Mensch ein Verworfener geworden, entheiligt in sich selbst. Anstatt dem Allvater hat sich König Areval dem Geist der Finsternis in die Arme geworfen. Unsere Aufgabe soll es sein, den letzten Versuch zu wagen, ihn diesen Fängen zu entreißen. Allvater, ich werde gehorchen, gib uns Weg und Mittel an."

Aufmerksam hört der Jüngling auf die Worte des Alten und feurig beteuert er nochmals seine Bereitwilligkeit zu allem.

Sinnend schaut der Prophet auf das glitzernde Meer und spricht leise: „Noch ist es nicht Zeit, doch bald kommt sie heran und wird von uns vieles, vielleicht alles fordern, was wir noch zu geben haben. Dann fürchte dich nicht, Muraval, denn gegen die Macht des Allvaters ist die des Königs nur ein Hauch und wir werden geborgen sein im Schutze unseres ewigen Herrn und Vaters. — Komm jetzt, laß uns die Früchte von den Sträuchern brechen, die wir zu unserem Mahle brauchen." —

Schnell erhebt sich der Alte, der Jüngling gleichfalls, beide steigen hinab zum Strande und verschwinden schnell zwischen den blühenden Büschen und Bäumen.

Mich hat es festgehalten vor der Höhle mit magnetischer Kraft. Jetzt zieht es mich, die Wohnstätte beider zu sehen, und ich betrete die Höhle. Sie ist groß, geräumig und führt seitwärts unter die übereinander getürmten Felsblöcke. Dort ist die Lagerstätte beider, hergestellt von Moos und trockenem Laub. Weniges Hausgerät liegt geordnet umher, es ist aus den harten Schalen großer Früchte hergestellt, ähnlich den Kokosnußschalen und Kürbissen. Auch Felle von Tieren sehe ich hier, teils als Teppiche dienend, teils als Vorhänge aufgehängt bei der einen Lagerstätte, wohl die des Alten, als Schutz gegen den die Höhle aufsuchenden

Wind. Zu ihren Häupten sehe ich ein größeres Gefäß, verziert mit Zeichen, die ich nicht zu deuten weiß; es treibt mich, dasselbe zu öffnen, um den Inhalt kennen zu lernen.

Es enthält glänzenden Schmuck, einen Kopfreif mit funkelndem Juwel und auf dem Grunde liegt ein goldener Ring mit großem weißem Stein. — Das ist derselbe Stein mit eingeschnittenem Kopfe, der mir gezeigt wurde und den ich mir noch an die Stirn halte, ich erkenne ihn jetzt deutlich. Von hier also stammt er, hier hat er lange in diesem Gefäß geruht!

DER OROSTEIN

Wiederum fühle ich mich von der wunderbaren Kraft erfaßt, die es mir ermöglichte, mich loszuringen von der Erde, hinaufzuschwingen zu dieser fremden Welt, um der Geschichte des Ringes nachzuforschen. Ich werde fortgetragen von ihr durch die Lüfte, über die hohen Berge hinweg in das Innere des Landes. Der Flug wendet sich der Grenze jener vulkanischen Gegend zu, die mir bereits bekannt geworden ist. Wie merkwürdig: Tod und heiteres Leben liegt hier nahe beieinander.

Dort links sehe ich am fernen Horizonte das Toben vulkanischer Kräfte. Dann folgt ein schmaler Gürtel öden Gesteins und ohne Übergang schließt sich daran eine lachende, blühende Landschaft; Wälder, Flüsse, Felder und Seen kann ich überblicken, schöne liebliche Täler, sanft gerundete Hügel, augenscheinlich bearbeitet von fleißigen Menschenhänden. Doch nicht die kultivierten Gegenden sind das jetzige Ziel, dem ich zustrebe. Jener Gürtel dort scheint es zu sein, der die blühenden Ländereien von der Gegend des Feuers abschließt.

Ich bemerke, daß dort Menschen, Geschöpfe wie wir, nur bedeutend größer an Gestalt, tätig sind und fleißig arbeiten. Ein Bergwerk ist hier entstanden. Tiefe Gänge sind in das Gestein gebohrt, hunderte, nein tausende von Arbeitern sind geschäftig. Aber wie streng bewacht sie werden und wie gedrückt die Arbeiter aussehen, das sind nicht glückliche Menschen! Gezwungen werden sie zur Arbeit, nicht aus freiem Willen haben sie sich ihr gewidmet. Unbarmherzig werden sie von rohen Aufsehern, deren jeder von zwei bewaffneten Männern begleitet ist, in tief sich in die Felsen einbohrende Gänge getrieben, aus denen ich einige gänzlich erschöpft, mit außerordentlich weißen, unregelmäßig großen Steinen hervorkommen sehe. — Sie werfen die Steine von sich und stürzen mühsam atmend, halb ohnmächtig zu Boden. Gefährten übergießen sie mit Wasser und suchen sie wieder zu sich zu bringen. Wie elend sind doch diese Menschen am Körper, nur Haut und Knochen!

In den tiefen Gängen kommen sie dem Herde vulkanischen Feuers und seinen erstickenden Dämpfen so nahe, daß sie nur mit steter Lebensgefahr dort die weißen Steine gewinnen. Längs des ganzen Felsengürtels, der sich meilenweit erstreckt, sehe ich die mühevolle Arbeit dieser Unglücklichen.

Welch hohen Wert müssen diese Steine besitzen, daß so viele Menschen bei deren Gewinnung geopfert werden? Solche Arbeit muß Tausende von Leben hinraffen. Nur Gewalt, die Wahl zwischen Tod oder Arbeit ist das Mittel, die Unglücklichen zu zwingen. Unbarmherzig wird von den Bewaffneten mittels langen Spiessen jeder niedergestoßen, der sich weigert, noch länger die Höhlungen zu betreten. Viele ziehen diesen schnellen Tod dem langsamen Hinmorden in den Dünsten der Felsenschächte vor.

Die Barbaren scheinen ihre Arbeit als Henkersknechte schon mehrfach vollzogen zu haben. Ich sehe dort hinter den Felsen, nahe einem tiefen Abgrund leblose Körper mit noch blutenden Wunden liegen, neben solchen, deren verzerrte Gesichter den Erstickungstod durch giftige Dünste anzeigen. Ein Bild des Grauens und Entsetzens. Sind die Menschen dieses Erdballes gefühllos, ohne jedes Mitleid in der Brust? —

Es ist so! Jedenfalls besitzen die Aufseher und die zahlreichen Bewaffneten keine Spur menschlicher Empfindungen mehr. Lachend stürzen sie die Leichen der

Unglücklichen in den tiefen Schlund, der ihnen eine letzte Ruhestätte gewährt. Wieviele mögen in der Tiefe, aus der ein dumpfes Wassertoben emporschallt, schon ruhen? Wieviel Elend, Schmerzen und Flüche haben die tosenden Wasser dort unten am Grunde der fürchterlichen Schlucht dem Meere zugespült!

Nicht weit von dieser Stätte des Jammers steht ein großes Gebäude. Dorthin werden alle die mit Blut erworbenen Steine hineingeschafft, sorgfältig untersucht, je nach Reinheit der Farbe sortiert und in besonderen festen Gemächern aufgespeichert. Ich ahne, daß diese Steine die Stelle des Geldes auf unserer Erde vertreten, daß ihr Wert den Wert der übrigen Produkte dieses Weltkörpers bemißt und jedenfalls als ein Zahlungsmittel, als Geld betrachtet werden und dienen. Das weitläufige Gebäude, von gewaltigen Quadern aufgeführt, gleicht einer Festung. Ich betrete es und sehe überall arbeitsame Menschen, die mittels mir unbekannten Maschinen die Steine spalten und in handlichere viereckige Stücke zerschneiden, diese werden wieder zu dünnen Platten zubereitet und sodann in Kisten verpackt, die mit besonderen Schlössern und Siegeln versehen auf schwere Wagen verladen werden.

Vor dem Hause beginnt eine höchst sorgfältig gepflasterte, breite Straße, die keine Unebenheiten aufweist, sie verliert sich am Horizont in unbestimmter Ferne. Auf dieser Straße kommen, von zwei Männern geführt, leere Wagen zu dem Bau heran, beladene fahren ab. Die Wagen bewegen sich von selbst, getrieben von einer mir noch nicht erkennbaren Kraft. Ich sehe nur, daß am Rückende der Wagen ein längeres Rohr herausragt, aus dem ohne Geräusch ein leichter Dunst emporsteigt. Leicht, geräuschlos und ungemein schnell fahren diese Wagen hin und her.

Dort von jenen Stätten der Arbeit und des Greuels, vor dem Eingang eines der Felsenlöcher ertönt jetzt ein lauter Ruf. Von allen Seiten kommen Aufseher und Arbeiter herbei, sie umringen einen tief Erschöpften, der soeben aus dem Gange trat und sorgsam etwas in den Händen birgt. Beglückwünschende Rufe werden gehört, lebhaftes Treiben und Drängen entwickelt sich. Aufgeregte Stimmen werden immer deutlicher und ein Zug regelt sich nach dem mächtigen Empfangsspeicher der erbeuteten Schätze.

Er kommt näher. Aus dem Hause tritt eine gebietende Persönlichkeit, ein Mann mit harten, stechenden Augen, umgeben von andern Männern; es sind seine Unterbeamten, er selbst ist der Obere dieses Bergwerkbetriebes. Der Zug ist ihm jetzt ganz nahe. Man führt jenen Menschen vor ihn, der den Auflauf durch seinen lauten Ruf verursachte. Erwartungsvoll fragt der Gestrenge: „Bist du ein Glücklicher?"

„Herr, ich war es", antwortet ihm der Gefragte und überreicht knieend einen nur faustgroßen flachen Stein, dessen untere Fläche schneeweiß, die obere dunkelbraun gefärbt ist.

Überrascht sieht der Obere auf den Stein und nimmt ihn entgegen. Er dreht ihn hin und her, Staunen prägt sich in seinen Mienen aus. Er winkt seine Untergebenen zu sich und zeigt ihnen das Stück, auch diese zeigen höchste Überraschung.

„Wie heißt du?" fragt der Gestrenge.

„Upal!" antwortet ihm der glückliche Finder.

„Upal, du bist frei und wirst dem König berichten, wo und wie du diesen herrlichen Stein, den größten, den ich je gesehen, gefunden. Du weißt, der Tod ist dir gewiß, falls du zu anderen redest. Mach dich bereit zur Fahrt!"

Der Obere geht mit seinen Unterbeamten zurück ins Haus. Die Menge der Soldaten und Arbeiter verteilt sich wieder, nach den Stätten ihrer mühseligen Arbeit zurückkehrend. Upal begibt sich mit einigen anderen

Beamten, die ihn lebhaft beglückwünschen und mit neidischen Blicken betrachten, zu einem andern Eingang des Hauses und wird in ein Zimmer geführt, in dem eine gedeckte Tafel mit Speisen und Getränken steht. Dort ruht er aus und erfrischt seine ermatteten Kräfte an den sonst nur für höhere Beamte bereitstehenden Leckerbissen.

Nach einiger Zeit tritt ein Diener ein und fordert ihn auf, ihm zu dem höchsten Oberen zu folgen. Er wird in ein Gemach geleitet, das ausgestattet ist ähnlich wie bei uns die Gemächer der Orientalen. Säulen, mit bunten Steinen gezierte Wände, ausgeschmückt mit bunten Vorhängen, tragen die Decke. Teppiche bedekken den Boden, hohe Fenster lassen helles Sonnenlicht herein, das sich auf den blanken Steinwänden widerspiegelt. Der Obere trägt ein Gewand nach griechischer Art, die Schultern bedeckt von einem Mantel, der bis zur Erde reicht. Weite Beinkleider, die in gestickten Stiefeln von naturfarbigem Leder enden, vollenden seine Kleidung; um die Hüften gegürtet hängt ihm ein breites Schwert. Er sitzt an einem Tisch, vor ihm liegen Schriften. Er sieht diese durch und vergleicht mehrere.

Zu dem eintretenden Upal sagt er jetzt: „Tritt näher und höre die Bestimmungen, die den glücklichen Findern des Orosteines gelten. Du, ein bisheriger Sklave des Königs, bist von jetzt ab freier Bürger, entbunden aller Abgaben, die die Untertanen im Mallonareiche zu leisten haben. Dir wird die Summe von 10000 Tesas ausgehändigt und du darfst dir vom Könige eine Gnade ausbitten, sobald er dich empfängt. Fasse deine Rede wohl zusammen, wenn du vor dem Gewaltigen stehst und ihm und den Großen bekundest, wie du im Innern den Orostein gefunden. Hier ist die Beglaubigung deines Fundes, dein Freibrief und die Anweisung deines Vermögens.“

Der Obere gibt ihm drei Papiere, sie gleichen anscheinend in ihrem Stoff ganz dem unserer Erde, doch die Schriftzeichen sind fremde, verschnörkelt und kraus. Upal dankt mit finsterer Miene. Sorgsam steckt er die Dokumente in sein zerfetztes Arbeitskleid, dann beugt er sich tief und geht. Der Obere wendet sich an seinem Tische anderer Arbeit zu.

Upal schreitet den langen Gang entlang, der zum großen Tore führt. Jetzt tritt er hinaus und überschaut mit finsterem Blick jene Gegend, die ihm so lange eine Stätte der Qual, der härtesten Sklavenarbeit gewesen ist. In seinen Zügen spiegelt sich, was der Mann empfindet: Haß gegen die Unterdrücker, Freude über die errungene Freiheit, Wunsch nach Vergeltung für die überstandenen Qualen. Tiefatmend steht jetzt der Mann auf der letzten Stufe der Freitreppe, die vom Portale nach der Straße führt und sein Auge sieht sehnsüchtig nach den Wagen, die schnell fahrend die Landstraße beleben. Jetzt rafft er sich auf und geht zu einer Halle, in die die Wagen verschwinden.

Geschäftiges Leben herrscht in dieser Halle. Es ist ein Raum, in dem die wohlverpackten, schon bearbeiteten Steine auf die Wagen verladen und so dem mir noch unbekannten Ziel zugeführt werden. Ein Wagen ist bereit zur Abfahrt. Upals Eintritt hat unter den Arbeitern eine gewisse Bewegung hervorgerufen. Wissen doch alle, daß er jetzt ein freier und reicher Mann geworden ist, den jeder um sein Glück beneidet, während sie alle noch Sklaven bleiben müssen, Leibeigene eines Königs, der ihr Leben nicht schont, um sich zu bereichern.

„Glücklicher“, redet ihn ein Beamter an, der die Verladung der Schätze auf den zur Abfahrt bereitstehenden Wagen überwacht, „Du kannst mit diesem Wagen heimfahren, willst du?“

„Gern will ich“, erwidert Upal, „sei meines Danks gewiß!“

„So komm, setze dich zu mir!"

Der Beamte steigt auf den vorderen Sitz des Wagens, der für zwei Personen bequemen Raum bietet. Er nimmt einem neben ihm stehenden Mann ein breites Schild ab, das dieser an einer Kette um den Hals trägt, und reicht es Upal, der sich damit behängt.

„Du weißt warum!" flüsterte er ihm zu.

Upal nickt schweigend und nimmt seinen Sitz neben dem Beamten ein. Dieser drückt an einem Griff und leicht, geräuschlos bewegt sich der Wagen vorwärts die Straße entlang, auf der ich schon viele gleiche Wagen kommen und gehen sah.

IN DER HEIMAT

Schnurgerade verliert sich die Straße in unabsehbarer Ferne am Horizonte. Rechts und links ist sie von einer starken, bis zur halben Manneshöhe aufgeführten Mauer eingefaßt. Nachdem der Wagen die Abfahrtsstation verlassen hat, verengt sich die Straße alsbald derartig, daß nur zwei Wagen nebeneinander fahren können; eine schmale Erhöhung trennt den Weg in zwei Hälften: rechts für die abfahrenden, links für die zurückkehrenden Wagen. In Entfernungen, die etwa unserem irdischen Kilometer entsprechen mögen, sehe ich rechts und links abwechselnd Wächterhäuser. Diese sind mit Soldaten bewohnt, die jeden Wagen, namentlich die von der Station kommenden scharf beobachten. Die Wächter sind mit langen Spießen bewehrt, die solche Insassen eines Wagens, die nicht mit einem Schilde gekennzeichnet sind, wie es Upal und der Beamte trägt, trotz der schnellen Fahrt niederstoßen würden. Außerdem sind Fallgatter an jedem Wächterhause angebracht, durch welche die Fahrstraße schnell abzuschließen möglich ist.

Mittels eigentümlich geformter, an hohe Masten hinaufgezogenen Signalfiguren sind die einzelnen Wachtposten imstande, sich gegenseitig zu verständigen. Sollte ein Flüchtling auch glücklich bei einem Hause vorbeikommen, diese Signale setzen bei dem nächsten Wächterhause seiner Fahrt ein Ziel. Die errungenen Schätze werden auf solche Weise sicher zu der fernen Hauptstadt des Königs geleitet. Keine Möglichkeit, sie unbemerkt fortzuschaffen, aber auch keine Möglichkeit für die zahlreichen Arbeiter, unbemerkt zu entschlüpfen! Denn auf den einengenden Mauern patroullieren Soldaten! Man sieht es ihnen an, diese kennen kein Erbarmen.

Schweigend geht die Fahrt der Hauptstadt zu. Der Beamte hat seine ganze Aufmerksamkeit auf die Führung des Wagens gerichtet. Upal hängt seinen Gedanken nach und ist augenscheinlich jedem Gespräch abgeneigt. Der Weg fängt an, Windungen zu machen, bald sind Steigungen zu nehmen, bald Gefälle mit sausender Geschwindigkeit zu überwinden. Die Mauer rechts und links wird immer höher und läßt keinen Ausblick auf das abgeschlossene Land vom Wagen aus mehr zu. Die Straße geht jetzt durch bewohntere Gegend. Zwar sieht man in nächster Nähe keine Wohnstätten, doch in einer gewissen gleichmäßigen Entfernung beginnen oftmals die Spuren menschlicher Tätigkeit aufzutauchen: bebaute Felder und Wohnhäuser in der Art, wie sie bei uns im Morgenlande gebräuchlich sind. In nächster Nähe dieser Staatsstraße darf niemand anbauen, nicht einmal in die Nähe darf sich ein Bewohner wagen, sein Leben wäre verwirkt.

Am Horizonte taucht eine Stadt auf, das Ziel der weiten Fahrt. Nach unserer Zeit mag diese etwa zwei Stunden gedauert haben, jedoch wurde dabei eine Strekke zurückgelegt mindestens noch einmal so weit, als es in derselben Zeit ein Erdenexpreßzug vermag. Die Gegend ist herrlich, die Stadt ist imposant. Sie liegt an einem breiten Fluß und breitet sich teilweise terrassenartig auf einem sanft aufsteigenden Gebirgsausläufer aus, umgeben von einer gewaltigen Mauer.

Eine wunderbare Burg erhebt sich auf einem Hügel inmitten der Stadt, die Königsburg des mächtigen Herrschers. Alles sieht so irdisch verwandt und doch fremdartig morgenländisch aus. So mögen die Heimstätten der alten Babylonier ausgesehen haben. Vielleicht sehe ich vor mir eine Art Kopie des alten Babylon, in der

ein Nebukadnezar thronte, nicht minder gewaltig, gefürchtet und — verworfen, wie er es war.

Der Wagen fährt jetzt in eine überwölbte Halle an der Stadtmauer ein und hält. Cyklopisches Mauerwerk türmt sich rings umher. Soviel der erste Blick es zu überschauen vermag, befindet man sich in einer wohlverwahrten Festung, die jeder Gewalt zu trotzen vermag. Es ist das Schatzhaus des Reiches, wohin alle Schätze fließen, die draußen gewonnen werden. Zahlreiche Menschen sind hier beschäftigt, ein lebhaftes Getriebe zeigt sich überall. Mich interessiert die Kleidung, die ähnlich der uns bekannten altgriechischen Tracht in einer kurzen Tunika bei den Arbeitern besteht. Die höheren Beamten tragen außer dieser noch Mäntel, die Füße werden durch hohe geschnürte Stiefel geschützt.

Upal und der Beamte sind jetzt in das Innere getreten. Er dankt seinem Begleiter und wendet sich einer Türe zu, auf die derselbe hingewiesen hat. Er öffnet und gelangt in einen weiten Raum, in dem viele Männer sitzen, augenscheinlich mit Schreiben beschäftigt. Der Obere dieser Schreibstube nimmt die Papiere ab, welche Upal überreicht und heißt ihn warten. Es dauert lange, bis er wiederkommt; nun führt er ihn in ein anderes Zimmer. Upal ist allein; keine Veränderung in seinen Zügen zeigt irgend eine Erregung. Er ist still in sich gekehrt, nur das Auge blitzt manchmal verstohlen auf, doch zähmt die eiserne Willenskraft des Mannes jede verräterische Regung. Ein Diener tritt ein und fordert ihn auf zu folgen.

Er führt ihn in ein Gemach, in dem mehrere hohe Beamte dieses Schatzhauses sitzen, die ihn interessiert betrachten. Sie reden ihm ermunternd zu. Der Vorsitzende dieses Rates kündigt ihm nochmals volle Freiheit an und händigt ihm eine Anzahl Papiere aus; zuletzt mit besonderem Nachdruck ein Dokument, das

Upal berechtigt, bei den Königskassen die große Summe zu erheben, die ihm als Finder des Orosteines gebührt. Upal ist jetzt reich, sehr reich. — Es wird ihm eingeprägt, gewärtig zu sein, jeden Tages zum König gerufen zu werden. Er stimmt dem zu, beteuert seine Bereitwilligkeit und wird entlassen.

Ein Diener führt ihn hinaus, einen langen Gang entlang; jetzt steht er wiederum an einer Tür, die in mir unbekannter Schrift eine Inschrift trägt. Er öffnet. Es ist eine Kasse, ein gewölbter Raum, abgetrennt durch eine Mauer mit kleinen Fenstern, hinter jedem sitzt ein Mann. Upal reicht bei einem Fenster seinen Schein hinein und erhält eine Anzahl Beutel, die er in sein Gewand verbirgt. Einen Beutel öffnet er, er ist gefüllt mit schmalen, viereckigen weißen Platten, jede trägt ein Zeichen, — es ist das gemünzte Gold von Mallona, das zu erringen er sein Leben mehr als einmal eingesetzt.

Ich muß lachen. Diese Steinchen sind also Geld, Geld wie bei uns, was ist ihr Wert, worin liegt er? — Ja, worin liegt denn der Wert *unseres* Goldes, ist es nicht auch ein Phantom, eine Einbildung, die uns vorgaukelt, unsere Münze habe Wert? — Würde man hier dieses Geld bewerten, würden wir für die viereckigen Steinchen nur eine Brotkrume erhalten. — Was wir bewerten sollten, die redliche, nützliche Arbeit, ist längst von dem selbstgemachten Götzen des Geldphantoms verschlungen worden. Der Schein, die Einbildung siegte und schuf die Schätze, welche der Rost und die Motten fressen! —

Upal hat sich aus der Kasse entfernt und ferner zwingt mich eine magische Gewalt, ihm zu folgen. Er tritt jetzt aus dem mächtigen Gebäude hinaus und sieht sich innerhalb der Stadtmauer vor einem freien Platz, den er schnell überschreitet. Tief atmet der Mann auf, unwillkürlich faßt er nach dem Schatz in seinem Gewande, wirft noch einen Abschiedsblick auf das Gebäude, das er verlassen und eilt schnellen Schrittes durch die Gassen der Vorstadt, in der er sich bald befindet.

Eigenartig gebaute Häuser sehe ich überall. Ich kann sie nur mit denen des Morgenlandes vergleichen. Flache Dächer wie dort, jedoch sind sie durchgängig mit herrlich blühenden Pflanzen bedeckt, wie schwebende Gärten der Semiramis. Die Fenster sind hoch und weit, man sieht durch diese in luftige Räume, Vorhänge verhüllen viele Fensteröffnungen. Glas scheint hier unbekannt zu sein, wohl aber sehe ich überall Rollvorhänge, von einem durchsichtigen, festen, mir unbekannten Stoff, der die Dienste der Glasfenster zu versehen scheint. Die Häuser sind nicht zu vielstöckigen Kasernen erbaut, sondern nur zwei Stockwerke hoch, lang gedehnt und meist mit Seitenflügeln versehen, die einen Garten einschließen. Milde Luft weht überall. Die Menschen, die ich sehe, sind alle sehr muskulös, stark gebaut und groß. Es muß das der Eigenheit dieses Planeten entspringen, dessen physikalische Eigenschaften doch andere sein müssen als die unserer Erde, schon infolge seiner größeren Entfernung von der Sonne und verschiedenen Umdrehungszeit. Mir fällt jetzt auf, daß die Atmosphäre hier eine dichtere zu sein scheint, der Luftdruck ist größer. Ich werde das später zu erforschen suchen, denn mich interessiert es, tiefer einzudringen in die Geheimnisse des Weltalls, die sich mir eröffnen.

Upal ist in eine Gegend gelangt, die weit kleinere Häuser aufweist, es gehört wenig Beobachtung dazu, um zu erkennen, daß hier eine Stätte der Armut ist. Die Häuser sind niedrig, eng, viele nur eine Art Hütte. Vor einer solchen steht er jetzt still und blickt prüfend umher. Die Gasse ist leer, keine Menschen sind zu sehen. Er klopft an einer niedrigen Tür aus starkem

Holze. Eine Stimme von innen fragt nach dem Störer. Als er seinen Namen nennt, tönt ein unterdrückter Schrei und hastig wird von innen geöffnet. Eine alte, verhärmt aussehende Frau, der Not und Sorge aus allen Zügen sprechen, öffnet und sieht mit dem Ausdrukke höchster ungläubiger Überraschung auf den Ankömmling. Dann, als sie sieht, daß das Unglaubliche Wahrheit ist, schreit sie auf und fällt ihm um den Hals. Das Mutterherz ist auch auf dieser fremden Welt dasselbe!

Upal löst sich sanft aus den Armen der vor Freude laut weinenden Mutter und führt sie sorgsam nach einer halbgeöffneten Tür, aus der man besorgte Fragen schallen hört, was geschehen sei. Beide treten ein und schnell schreitet Upal nach einer Lagerstätte, auf der ein gebrechlicher alter Mann ruht. Dieselbe Szene wiederholt sich hier. Upal kniet am Bette seines kranken Vaters. Jetzt beginnt ein Fragen ohne Ende. Upal erklärt, und freudiges Staunen zwingt die beiden Alten zum Schweigen, als sie hören, daß er als ein Finder des Orosteines reich zurückkehrt.

Upal holt seine Schätze aus dem Gewande und zeigt die Anweisung, die ihn berechtigt, noch weit mehr zu erheben. Groß ist die Freude der alten Leute, hat doch jetzt alle bittere Not, in der sie sich befanden, ein jähes Ende. Der Vater sieht ihn fragend an. „Hast du so getan, wie ich dir sagte?“ fragt er leise, als die Mutter in geschäftiger Eile bemüht ist, einige Speisen herbeizuschaffen. Ebenso leise antwortet der Sohn: „Ich tat’s, nur dir verdanke ich den Fund, doch später davon!“ Upal gibt der Mutter von seinem Schatze und bittet sie, die besten Speisen zu beschaffen, indessen er bei dem Vater bleiben wolle. Gern willfahrt die Frau und unter vielen Liebkosungen entfernt sie sich, um das Beste einzuholen.

Vater und Sohn sind jetzt allein. Der Alte hat sich

von seinem Lager erhoben. Eine gewaltige Kraft muß einst diesen nunmehr von Krankheit und Not zerrütteten Körper erfüllt haben. Jetzt, da die Freude, den Sohn wieder zu besitzen, die erloschenen Kräfte erfrischt, ahnt man, wie der Greis als jugendlicher Mann einst gewesen sein muß. Upal gleicht zwar sehr seinem Vater, doch ist er trotz aller Kraft nicht das jugendliche Ebenbild desselben, das unwillkürlich beim Betrachten dieses alten Mannes in mir entsteht.

Der Alte reicht dem Sohne die Hand und zieht ihn liebevoll an seine Seite: „Hast du viel gelitten in der langen Zeit, die du dort zugebracht?" — so fragt er in besorgtem Ton. Wild blitzt es auf in den Augen Upals. Der ganze langverhaltene Haß spiegelt sich in seinem Antlitz und aus tiefster, bitterster Seele ruft er: „Unsäglich litt ich, doch die Pein ist ihnen nicht geschenkt, sie sollen es noch büßen an einem Tage, den mir Allvater schenken möge. Alle sollen sie es büßen, alle!" —

„Mein Sohn, wer sich selber rächt, entwindet Allvater die Rache. Vergeltung übt nur Er im gerechten Maße. Noch ist die erlittene Pein zu frisch in deinem Herzen, laß durch die Zeit sie lindern, daß friedliche Gedanken in dein Herz einkehren."

Upal bezwingt sich und sieht stumm vor sich nieder. Der Alte fährt fort:

„Es ist so vieles anders geworden seit meiner Jugend, daß ich mich nicht wundern darf, von dir gewiß noch vieles darüber zu hören, wie es jetzt in den Höhlen des Wirdu aussieht. Zu meiner Zeit, als unser letzter guter König Maban noch lebte, war es eine Ehre, nach dem köstlichen Orostein zu suchen: ein Heldenstück, das um seiner Kühnheit wegen unternommen wurde und um der Kräfte, die der Stein besitzt. Das weiße Rod findet sich auch an anderen Stellen von Mallona, doch nur hier findet sich in ihm der köstliche Orostein.

Niemals wurde Rod und Orostein so gierig früher

gesucht, nie wurde darum ein Mensch geopfert. Die kühnen freien Männer trotzten damals aus Liebe zum Volke und zum Könige der Gefahr. Jetzt werden die Kriegsgefangenen und die Bürger, die schwere Steuern nicht entrichten können, hineingestoßen und gezwungen.

O König Areval, wann wird deine Gier gesättigt sein!"

Upal knirscht mit den Zähnen, als er diesen Namen hört und vor Erregung klingen fast zischend die Worte: „Nie wird die Gier dieses Scheusals befriedigt werden! Verflucht sei dieses Haupt von Mallona, das das Land aussaugt, die Bürger mordet, das mich um elender Steuer wegen, die wir nicht zahlen konnten, in jene Schlünde führte. Fluch ihm, bis jede Schuld beglichen ist, die er auf sich lud!"

Hoch richtet sich der Greis auf, mit traurig-ernstem Blick sieht er auf seinen Sohn und in vorwurfsvollem, doch liebevollem Tone sagt er: „Upal, König Areval hat mir das Liebste, das ich besaß, hingemordet: deine Schwester Fedijah. Und ich habe ihm nicht geflucht! Allvater spricht: die Vergeltung ist Mein! — Laß dir von Areval nicht den Glauben an ihn, den Weltherrn rauben, der in seiner Weisheit auch solchen König noch auf dem Throne läßt, der dich den Orostein finden ließ und sicher in das Vaterhaus zurückgeführt hat! Mein Sohn, mein Schmerz war groß, als ich Fedijah sterben sah durch Arevals Schuld. Größer wäre es, sähe ich deine *Seele* sterben, durch ihn vernichtet."

Upal faßt die Hand des Vaters und legt sie als das Zeichen tiefster Ergebenheit auf sein Herz. Mit ruhiger Stimme sagt er: „Vater, der Glaube an Allvater hat mich allein erhalten, ohne diesen wäre ich nicht hier. Ich weiß, ich bin noch auserkoren zu großer Tat, und bei meinem Leben, ich werde sie vollführen!" Mit blitzenden Augen hat er gesprochen und besorgt fragt ihn der Alte: „Du verbirgst mir etwas, mein Sohn, was hast du vor?“

„Nichts verberge ich dir, mein Vater, du sollst alles wissen, alles! Ich muß dir sagen, was ich in den Höhlen des Wirdu erfahren habe.

Als damals mein Schicksal besiegelt war, daß ich zum Ersatz der nicht entrichteten Steuern gleich einem Leibeigenen nach dem weißen Rod suchen müsse, gabst du, mein Vater, mir deine Erfahrungen kund, welche dir einstens in den Höhlen des Wirdu geworden; vielleicht daß sie mir nützen könnten. Mein Vater, wie reich hat sich an mir deine Fürsorge belohnt, denn jene tiefste Höhle, die du erreichtest und deren Dasein du als Geheimnis in Deiner Brust bisher verschlossest — wohl wissend, wie wenig Glück die Schätze bringen würden, die dort verborgen — ich fand sie wieder.

Es war nicht leicht, sich dahin zu finden. Unzählige Gänge hat man in das Gestein gebohrt, bis jene natürlichen Galerien, weiten Höhlungen und Schluchten erreicht werden, die das Feuer geschaffen und in denen das weiße Rod im Gestein eingesprengt sich findet. Alle künstlichen Gänge kommen noch heute, wie zu deiner Zeit, zu einem unterirdischen Flusse, dessen Oberfläche durch die Glut des nahen Feuers dampft und den du kennst als eine Grenze des Lebens von dem Tode. Unverändert ist noch die gewaltige Felsenhalle, durch die er fließt: das einzige Tor zu den fürchterlichen Tiefen, die von erstickenden Dünsten erfüllt, die Schätze Arevals bergen, das weiße Rod und den Orostein. Wohl beachtet hatte ich deinen Rat, genau zu berechnen die Zeiten des Meeres, weil die Gefährlichkeit der Dünste mit diesen eng zusammenhängt. In wenigen Tagen wußte ich, daß nur dann die größten Tiefen zu erreichen möglich sei, wenn das hochflutende Meer nicht die giftigen Dünste hindert, auszutreten nach der unzugänglichen Kratergegend Marda, dem Sitz des bösen

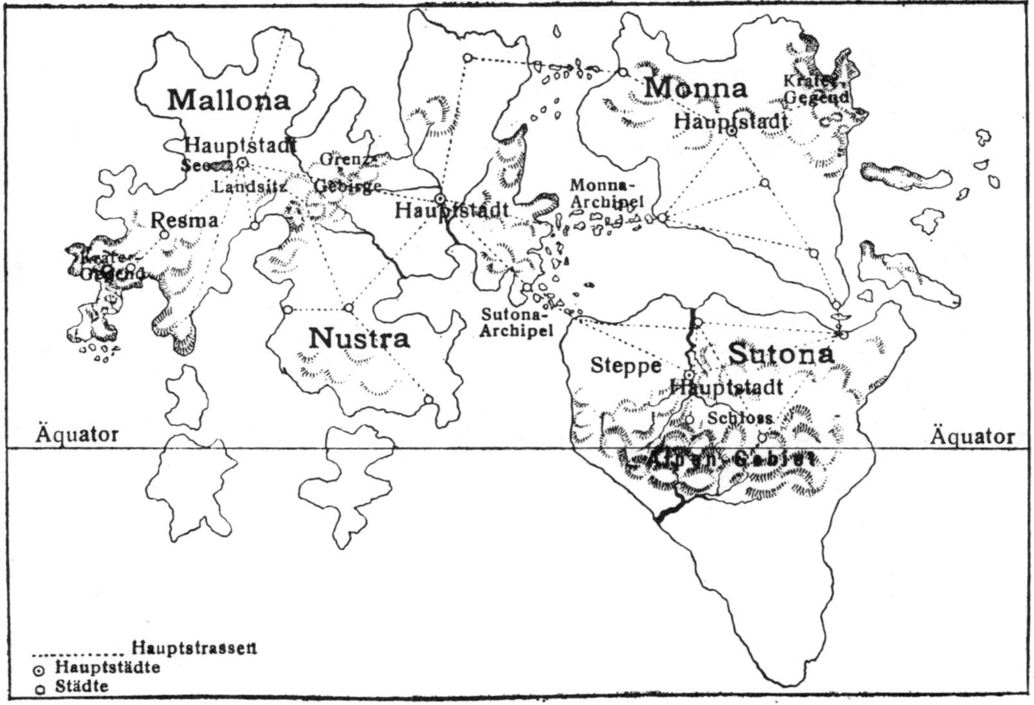

Mallona
Hauptstadt
See
Landsitz
Resma
Grenz-
Gebirge
Hauptstadt
Nustra
Monna
Krater-
Gegend
Hauptstadt
Monna-
Archipel
Sutona-
Archipel
Sutona
Steppe
Hauptstadt
Schloss
Alpen-Gebiet
Äquator
Äquator
Hauptstrassen
Hauptstädte
Städte

Dämons Usglom, den zu besiegen Arevals größter Wunsch ist.

Ich fand die von dir bezeichnete Stelle an dem unterirdischen Strom und sah mit innigem Dank im Herzen das unbeachtete kleine Zeichen, das du einst in den Felsen grubst; damals nicht ahnend, wie es deinem Sohne zum Retter werden könne. Dieser Stelle gegenüber fand ich auf dem andern Ufer, fast verschüttet, den Eingang zu einem Felsengang, den du einst betreten haben mußtest, der jedoch nicht beachtet wurde von den andern Mitsklaven, die gleich mir verdammt waren zu der Zwangsarbeit. Betäubender Dunst schlug mir daraus entgegen, ein Beweis, daß dieser Gang tief ins Innere führen müsse, so daß ich es zunächst aufgeben mußte, dort einzudringen. Bald jedoch gewahrte ich, wie nur zur Zeit der Hochflut dem Gange Dunst entschwand, und daß es außer diesen Stunden ungefährlich sei, ihn für die Dauer fast eines halben Tages zu betreten. Ich wollte es wagen, denn war ich am rechten Ziele, so mußte mir die Freiheit winken. Hattest doch du einst als freier Mann an dieser Stätte den Orostein gefunden, doch nicht den ganzen Fund geborgen, sondern ein gutes Teil desselben zurückgelassen, vertrieben von den aufsteigenden Dünsten. Diesen jetzt aufzufinden galt es; das Gelingen schloß in sich Freiheit und Reichtum.

Wohl versehen mit Manga, Werkzeug und mit Nahrungsmitteln — die ihm reichlich werden, wenn der Leibeigene erklärt, eine Todesfahrt zum Zwecke der Entdeckungen zu unternehmen — begab ich mich hinab, besorgt, daß niemand beobachte, welchen Weg ich nehme. Gut hatte ich die Zeit gewählt. Es war fast Ende der Hochflut, als ich am Eingang des Felsenganges war, dem nur noch leichter Dunst entstieg. Bald ließ er gänzlich nach und frische, reine Luft quoll mir entgegen, als ich den Gang betrat. Nur kriechend kam ich weiter, Felsblöcke wehrten mir den Weg, mühsam mußte ich die Hindernisse zur Seite räumen. Endlich erweiterte sich der steil in die Tiefe führende Weg, der stark nach der entgegengesetzten Seite abbog, als wo man allgemein die Schätze sucht.

Der Gang teilte sich in zwei Arme, ich wählte den rechts abzweigenden; hattest du mir doch gesagt, daß der andere Arm zu einer endlosen Schlucht führe, aus der für den Abstürzenden kein Entrinnen mehr möglich sei. Wieder mußte ich kriechen durch enge Felsspalten und erreichte nun die wunderbare kleine Höhle, die du mir schildertest, wo das weiße Rod aus den Felsen lugte. Du sagtest, am Ende der Höhle sei ein Abgrund, aus dem der giftige Dunst emporsteige, fortgewirbelt von unerklärlichem Luftzuge, und wie in einem Schornstein hinaufgesogen würde zu einer Höhe, die dir zu erblicken nicht möglich war. Ich sah den Abgrund, doch stiegen nicht mehr Dünste empor. Die unterirdischen Gewalten des Feuers und Wassers hatten Änderungen geschaffen im Laufe der Jahre; still und ruhig lag der tiefe Abgrund vor mir. Sah ich an dessen Rande empor, so leuchtete aus gewaltiger Höhe ein Stern auf mich nieder. Es war das Sonnenlicht, das durch einen Riß der Felsen schien und matt die fürchterliche Tiefe erhellte.

Ich erkannte, wo ich war. An einer Stätte, aus der das Feuer einst vertrieben wurde durch die Gewalt des Wassers, das ich in der Tiefe noch rauschen hörte: in einem ausgekühlten Kessel, entrissen dem Feuergotte Dämon *Usglom*, der hier besiegt seine Schätze an einem der seltenen Plätze hinterließ, die frei von Dünsten dem Entdecker mühelos die aufgespeicherten Reichtümer schenken.

Ich hatte hier nicht mehr die Dünste zu fürchten, die einstens durch jenen sonnenerhellten Spalt hoch oben abzogen und dich vertrieben, weil das in der Tiefe rauschende, hochflutende Wasser den Gegenzug unmöglich machte. Daher hatte ich Zeit nebst Muße, genau die Lage dieser Höhle zu untersuchen. Ich fand nach kurzem Suchen, die Wände mit Manga beleuchtend, die Stelle, aus der du den Orostein gebrochen, und auch die andere Hälfte noch in dem Rod fest eingezwängt, die mitzunehmen dir Usglom nicht vergönnte. Ich nahm den Fund und barg, als ich den Stein abgab, ein Bruchstück in meinem Munde, hoffend, ihn für dich zu retten. Gesundheit soll er dir, Vater, bringen! Gering achte ich es, ein Dieb am Eigentum des Königs zu sein, hat er uns doch viel mehr gestohlen." —

Upal legte einen kleinen dunkelbraunen Stein, den er seinem Kleid entnahm, vor den erstaunten Vater, der ihn begierig ergriff und leuchtenden Blickes betrachtete.

„Ja, das ist er, der seltene, köstliche Stein, der mir Gesundheit wieder schaffen kann und wird. Verbirg ihn wohl, mein Sohn, auch ich achte es nicht als Verbrechen, daß du um deines Vaters Willen ihn entwendest; denn ich habe wohl ein sicheres Recht an diesem Fund." —

„Wäre nicht das Erstaunen über den abgegebenen Orostein so groß gewesen, daß man nicht mehr daran dachte, mich am Körper zu untersuchen, er wäre nicht dein eigen", meinte Upal lächelnd. „Doch höre weiter. Es regte sich in mir die Lust, den Abgrund näher zu untersuchen, denn es schien mir fast sicher, daß dieser noch weit mehr der Schätze bergen müsse als die Höhle, in der ich mich befand. Ich fand einen Abstieg, band mich an mein mitgenommenes Seil,dieses an einen Felsblock, und wagte es, mich in den Abgrund weiter hinabzulassen. In kurzer Tiefe fand ich einen weiten Spalt in der steilen Felsenwand, kroch hinein und gelangte in eine große runde Höhlung.

Vater, alle Pracht des Königs Areval ist nicht imstande, nur einen Schimmer dessen zu geben, was hier der Dämon geschaffen. Ein Thron des Fürsten Weiskee tat sich mir auf. In Tausenden von Kristallen spiegelte sich das Licht in meiner Hand. Die Decke, der Boden waren bedeckt von kostbaren Steinen, die der erstarrte Felsenboden hier geboren. Und weiter, immer tiefer konnte ich wandeln in die nie gesehene Höhle des Wirdu, die wohl zum erstenmal ein Mallonakind betrat. Das weiße Rod, der Orostein liegen in dieser Schatzkammer in ungezählten Mengen, die köstlichsten Steine, die die Krone Arevals schmücken, findest du zu Tausenden. Dieser Reichtum in dem Besitze eines Menschen macht ihn zum Herrn der Welt." —

„Und du schwiegst von dem, was du gefunden?" fragte Upals Vater ernst. —

„Ich tat es und werde auch Areval nichts verraten, er soll nichts genießen von dem, was ich entdeckt. Hast nicht auch du dem König, dem weisen Maban einst versprechen müssen, zu schweigen von Deiner Todesfahrt? Er wußte wohl wie wenig Glück in den Reichtümern liegt, die nur die kleine uns allein bekannte Höhle birgt. Um wie viel mehr würde er mir Schweigen auferlegen, lebte er noch und hörte von dem, was ich gefunden. Nein, Areval erfährt es nie, niemals! O, er soll nur vor mir stehen, der stolze König, er soll nur fragen! Er und sein gleißnerischer Kanzler, sie sollen eine Schilderung der Todesfahrt erhalten, die nie und nimmer sie finden läßt, was ich geschaut habe."

Auf der Flur werden schlürfende Schritte laut. Upals Mutter kehrt zurück mit den eingekauften Speisen. Schnell tauschen die Männer einen verständnisvollen Blick. Upal verbirgt den braunen Orostein in seinem Kleide und laut lobend begrüßt er die Mutter, die freudig aus einem Korbe die Speisen kramt, um sie den Hungrigen darzubieten.

AUS DER VERGANGENHEIT DES MALLONA-REICHES

Die Kraft, welche mich hierher geführt, erfaßt mich wieder und führt mich fort aus der Hütte Upals. Ich hatte den Wunsch, zu ergründen, welche Geschicke in der Familie verborgen liegen, die Upals Vater und dieser erwähnten. Als der Wunsch zum Willen in mir wurde, fühle ich mich fortgehoben und sehe nun vor meinem Blick lebendige Bilder entstehen, die mir die Antwort geben. — Laß mich schauen, ich muß schweigen, um die schnell wechselnden und in sich verbundenen Geschehnisse erfassen zu können, und werde sie dann schildern. — —

Lange Zeit ist bereits vergangen, als König *Maban*, der Vater des jetzt herrschenden Königs Areval regierte. Er war es, der das große Mallonareich gründete, denn vor ihm herrschten mehrere Könige auf den vier Hauptteilen des Planeten. Diese *vier* Hauptteile heissen: Nustra, Monna, Sutona und Mallona. Der König von Monna war der letzte seines Stammes und durch Erbschaft wurde Maban auch König dieses Teiles. Beide Reiche waren jedoch in der Art getrennt, wie Asien von Amerika. Und es war leichter, von dem dritten Teile Nustra — das mit Mallona zusammenhing wie Europa und Asien — nach Monna zu gelangen, als von Mallona; ähnlich wie der Weg von Europa nach Amerika näher ist als der von Asien; auf diesem Planeten war außerdem die Entfernung eine noch kürzere, als der Atlantische Ozean der Erde bedingt.

Es lag in Mabans Interesse, ein enges Bündnis mit dem König von Nustra einzugehen; schon aus dem Grunde, weil das mächtige Reich der Sutonen unter ihrem Gewaltherrscher *Ksontu* nach der Alleinherrschaft strebte und lange blutige, höchst grausame Kriege deswegen zwischen Maban und dem Könige von Sutona geführt worden waren. Dieses Bündnis wurde geschaffen, denn das Volk von Nustra war entnervt und träge geworden. Sie hofften, unter Maban friedvoller, unbehelligt von Ksontu leben zu können, da ihrer Meinung nach die drei Reiche zusammen den oftmaligen Friedensstörer zur Ruhe zwingen könnten.

Doch Ksontu, im Bewußtsein seiner Kraft und Macht, fürchtete alle drei Reiche zusammen nicht und vermaß sich hoch und teuer, entweder die gesamte Herrschaft an sich zu reißen oder unterzugehen. Sein Land war arm an Schätzen, wie sie Maban aus dem Boden seines Reiches gewann; doch gewaltig, bedürfnislos, wenn auch roh und unwissend, war das Volk der Sutonen.

Es kam zum Kriege. Als Maban das Bündnis mit dem Reich Nustra geschlossen, überfiel Ksontu den neuen, entnervten Bundesgenossen von seinem südlicher (ähnlich wie Afrika) gelegenen Reiche und bezwang ihn schnell. Maban eilte mit gewaltiger Kriegsmacht herbei und lange schwankte das Kriegsglück hin und her. Der überlegenen, geschickten Kriegskunst Mabans gelang es, der urwüchsigen Tapferkeit Ksontus und seiner Scharen Herr zu werden und bezwungen wurde Ksontu tributpflichtig. Maban wußte die Tapferkeit des besiegten Königs und des Volkes wohl zu schätzen. Er fürchtete etwaige spätere Aufstände und sann auf Mittel, friedfertig eine Verbrüderung zu erreichen, die unabhängig von der Kraft des Schwertes die Volksstämme miteinander versöhne.

Er ehelichte die Tochter Ksontus, erhob sie zur rechtmäßigen Königin und gewann den einstigen Feind durch diesen Schritt zum vollen Freund. Denn nach den Gesetzen in den vier Reichen war die Erbfolge nicht nur in absteigender, sondern auch aufsteigender Linie vollberechtigt, falls Nachkommen nicht vorhanden. Ksontu trat durch diesen Schritt Mabans zunächst in den Rang eines Thronfolgers, bis aus der Ehe mit seiner Tochter Erben entsprangen. Er genoß das volle Vertrauen und die Vertretung des Königs, war also mühelos Mitherrscher für den Rest seiner vorgeschrittenen Jahre.

Er erkannte die wohlwollende Absicht seines Schwiegersohnes und da er, selbst bedeutend älter als Maban, außer seiner Tochter auch keine Erben besaß, fügte er sich gerne und blieb ein guter Freund des tatkräftigen Maban, nur daß sein heißes Blut oftmals dem nunmehrigen Alleinherrscher in Mallona unbequem wurde.

Nicht lange brauchte Maban Nachsicht gegen Ksontu zu üben, denn der König, gewöhnt an kriegerische Unternehmungen, an rauhe Sitten, Einfachheit und selbst Entbehrungen, teilte das Schicksal vieler auf Erden vergangener Despoten, die sich in den Strudel ihnen vorher unbekannter Freuden und Laster werfen, nachdem sie die frühere Einfachheit mit dem zugänglichen Luxus vertauschten. Ksontus kräftige, nach Taten strebende Natur versank alsbald im Schlamme des Genusses, und inmitten aller sinnlichen, im Übermaß genossener Freuden überraschte ihn der Tod.

Maban war nun unbestrittener Herr des gesamten Planeten und der Name seines Reiches ward zu dessen Namen. Aus der Ehe Mabans mit der Tochter Ksontus entsprangen zwei Söhne, Muhareb und Areval, beide ungleich im Charakter. Der ältere, *Muhareb*, erbte die vornehmsten Eigenschaften seines Vaters, er war ernst, forschend, von tiefem religiösem Gefühl beseelt, von unerschütterlicher Rechtlichkeit und Gerechtigkeit.

Bereits in jüngeren Jahren übertraf er alle Altersgenossen an Verstand und Urteilskraft. Er konnte heftig weinen bei fremdem Unglück und empfand die größte Freude bei dem Glück der ihm Näherstehenden und selbst Fremder. Seine Erziehung war eine solche, die dem künftigen Erben des gewaltigen Reiches geziemte, doch war es nutzlos, ihm im Laufe der Jahre die Schliche einer sogenannten klugen Politik beibringen zu wollen. Sein Rechts- und Wahrheitsgefühl verschmähte alle Winkelzüge. Offen und wahr wollte er handeln, zum oftmaligen Entsetzen der Ratgeber König Mabans, die es in allerhand Winkelzügen zur Erreichung ihrer Zwecke recht weit gebracht hatten, zumal Maban nicht dem Grundsatze abgeneigt war, die Wahrheit müsse manchmal verschleiert werden, um ein Ziel um so sicherer zu erreichen.

Die Regierung des weiten Reiches war schwierig. Die *vier* mächtigen Hauptreiche, gleichbedeutend mit den auf Mallona vorhandenen *vier* Erdteilen zu verwalten, bedurfte weiser Einteilung. Jedes der drei angegliederten Reiche besaß einen Vizekönig, der völlig abhängig von Maban, nicht auf Lebenszeit ernannt, sondern von der Gunst des Herrschers abhängig war. Maban konnte entthronen und krönen nach Belieben. Die Einkünfte aller Staaten wurden von seiner Hauptstadt aus verwaltet. Klug richtete er es allmählich so ein, daß ein Reich, außer das seine, niemals durch Bürger des eigenen Landes in den hohen Verwaltungsstellen geleitet wurde, sondern stets von Beamten, die in einem anderen Lande erbgesessen und geboren waren. Er verhütete durch einen steten Wechsel die Bildung des Ortsinteresses und schickte nach einer bestimmten Zeit diejenigen Beamten, die etwa Sehnsucht nach der Heimat verspürten, bereitwillig heim.

Auf diese Weise erreichte er, daß die Regierungsbeamten nur ein bedingtes Interesse an den Sitz ihrer Tätigkeit knüpfte und diese nicht in die Lage kamen, mit dem Volke aus Ortsinteressen besonders schonend umzugehen. Die Autorität wuchs allerdings, damit aber auch langsam ein strafferes Regiment, das, in unrechte Hände getan, zu den fürchterlichsten Folgen sich auswachsen konnte. Maban wußte das und glaubte durch seine vollständig autokratische Machtstellung und durch peinliche Charakterausbildung der zu hohen Stellen bestimmten Würdenträger, allen etwaigen schlimmen Folgen für die Zukunft vorzubeugen.

Er verbot den Erwerb von Grund und Boden als Privatbesitz, alles gehörte dem Staat, der den Grundbesitz verteilte an würdige Bürger; jedoch nicht als Besitz zum eigenen Gebrauch, nur als obere Inspektoren der einzelnen Gemeinden, denen sie vorgesetzt waren und für deren Wohl sie zu sorgen hatten. Sie waren große Gutsverwalter, die zwar ihren Untergebenen im reichlichen Maße je nach dem Werte der gelieferten Arbeit Vergütungen zuteil werden ließen. Aber alle Produkte ihres Reichs sammelten sie, so daß keine Bewohner aus der Hand seines Nachbars etwas erhalten konnte, sondern sich stets an die großen Orts-Vorratshäuser wenden mußte, die von staatswegen errichtet wurden und für eine gleich gute Lieferung aller Bedürfnisse sorgten. In jedem Orte befanden sich Vorrats- und Arbeitshäuser, die nach genauen Gesetzen verwaltet wurden. Mallona war das Vorbild jenes sozialen Zukunftsstaates, der auf Erden von bestimmten Parteien erstrebt wird.

Als Zahlungsmittel galt schon damals das weiße Rod, welches Maban einführte, jener weiße Stein, der hauptsächlich im eigentlichen Mallonareiche Mabans gefunden wurde. Dieser Stein galt früher nur als Naturseltenheit, solange der eigentliche reiche Fundort noch nicht bekannt war. Maban fand die reichen Lager in seinem Lande und führte das Rod als Zahlungsmittel ein. Um den Besitz des Geldes als wandernde Münze unmöglich zu machen und die Arbeit des Einzelnen als Wertmaß festzustellen und zu schützen, fand er folgendes Auskunftsmittel:

Jeder Bürger, der etwas leistete, seine Produkte an

die Vorratshäuser ablieferte oder notwendige Arbeiten in den staatlichen Fabriken ausführte, auch in Künsten für die Erheiterung der Bürger sorgte, wurde entschädigt von den öffentlichen Kassen und vielfachen Zahlstellen der Reiche. Denn *jeder* Bürger war ein Staatsangestellter. Die ihm für irgend eine Leistung übergebenen Platten des Rod, von verschiedenem Werte, wurden mittels einer unverwischlichen Tinte vor seinen Augen mit seinem Namen und Zeichen gezeichnet, die beide in den Einwohnerregistern amtlich eingetragen waren. Der Wert seiner Arbeit war nach der staatlich festgestellten Taxe bedingt, so daß Ungerechtigkeit ausgeschlossen war. Zudem wurden unangenehme oder gefährliche Arbeiten höher bewertet als solche, die keine allzu große Überwindung verlangten.

Der empfangene Lohn hatte nur Wert für den Ausüber der Arbeit, denn nur dieser konnte an den Ausgabestellen seines Wohnsitzes Bedarfsdinge für seine Platten erhalten. Wollte er verreisen, so stand ihm das zu, doch ohne eine amtliche Bestätigung seines Heimatortes konnte er an anderen Kassen nichts erhalten. Das als Zahlung eingegangene Rod wurde an den Kassenstellen gesammelt und der Zentrale wieder zugesandt, dort wurde es von der gezeichneten Tinte gereinigt (Herstellung und Entfernung derselben war ein Staatsgeheimnis) und weiterhin benutzt.

Diese Geldverhältnisse schufen ganz besondere Lebensverhältnisse.

Jedes Haus gehörte dem Staat, die Bürger mieteten ihre Wohnräume und zahlten die Miete von ihrem Verdienst. Die freie Bebauung eines zu jedem Hause gehörigen Gartens war gestattet, so daß der Bewohner für seine täglichen Bedürfnisse sich selbst versorgen konnte. Wie auf Erden waren Städte vorhanden, die zum Sitze der Industrie sich ausbildeten; und ebenso wie der irdische Bauer sorgte die Landbevölkerung für den Anbau der Landesprodukte. Die staatliche Bewertung der Arbeit, die jeder nach freier Wahl sich wählen konnte, die allgemeine Erkenntnis von der gleichen Nützlichkeit und Notwendigkeit aller Arbeit ließ Standesdünkel kaum aufkommen. Solches verhinderten auch die öffentlichen Schulen, weil diese jedem frei zugänglich waren und damit allgemein für die gleiche Ausbildung des auf Mallona bekannten Wissens und Könnens gesorgt wurde.

Auch das Alter wurde geehrt. Nach einer bestimmten Zeit der Arbeit hatten die Bürger das Recht auf freie Versorgung, doch machten nur Kranke und Schwache hiervon Gebrauch. Denn es galt als unehrenhaft, faul seine Zeit zu verbringen, namentlich, da die Arbeit älterer Leute besser bezahlt wurde als die der jüngeren, die noch im Vollbesitze aller Kräfte leichter und schneller arbeiten konnten.

Diese Hauptzüge der Staatsverwaltung, die Maban einführte, stießen zuerst in dem Reiche der verweichlichten Nustraner auf starken Widerspruch. Wurden sie doch durch diese neuen Gesetze genötigt, ihr schlaffes Leben aufzugeben und ernsthaft zu arbeiten. Unzufriedene suchten zwar dagegen zu rebellieren, doch Maban verstand keinen Scherz und ging gegen die Rebellen mit eiserner Strenge vor, so daß das eingeschüchterte Volk sich bald fügte. In kurzem empfand das Volk von Nustra den Segen der Arbeit, und da der Volkscharakter ein solcher war, gerne im gleichmäßigen Leben der Gewohnheit zu folgen, so war es gerade in späteren Jahren Nustra, das hartnäckig diese Einrichtungen festhielt, als die schlaffe Hand Arevals das Werk seines Vaters wieder zerstörte.

Maban erkannte sehr wohl, daß eine Schöpfung nur dann Dauer haben könne, wenn er den Charakter seiner Untertanen und namentlich den der Landesgroßen stählte; wenn er dafür sorgte, daß die aufwachsende

Generation seine Grundsätze völlig in sich aufnahm; wenn Glück und Behaglichkeit in den weiten Reichen herrschte und dadurch Not und Mangel unbekannt blieben.

Der Herrschaft der letztgenannten Feinde aller Glückseligkeit setzte die Verstaatlichung aller Arbeitsleistung und Bewertung ein sicheres Ziel, Hand in Hand mit der Eigentümlichkeit des eingeführten Zahlungsmittels. Die Erziehung der Charaktere war jedoch ein weit schwereres Werk! Er suchte es zu vollbringen, indem er in seiner nächsten Umgebung oftmals alle die Männer vereinte, denen er die verantwortlichsten Stellen im Reiche verliehen hatte oder einzuräumen gedachte. Durch sein Beispiel suchte er auf diese einzuwirken und ihnen seine Grundsätze im direkten Verkehr fest einzuprägen. Die drei Vizekönige der ihm zugefallenen Reiche mußten öfters längere Zeit an seinem Hofe verbleiben, um ihm genaue Einblicke in alle Fortschritte der Landesregierung zu geben. Er selbst überzeugte sich oft ganz unverhofft durch weite Reisen von dem wahren Stand der Dinge. Er war dann unerbittlich streng, fand er bei solchen Revisionsreisen Unregelmäßigkeiten in den Verwaltungsdistrikten, jedoch anerkennend und belohnend dem geringsten seiner Beamten gegenüber, der die oft mühevollen Arbeiten mit Sorgfalt ausführte. Kein Wunder, daß man ihn überall liebte und ehrte, ja ihn als den Verwirklicher des ewigen Friedens pries.

Um den Volkscharakter zur geistigen Höhe verfeinerter Bildung emporzuziehen, Mut, Tapferkeit und persönliche Tüchtigkeit des Geistes und Körpers heranzubilden und zu bewahren, wurden besondere Feste gefeiert, die ähnlich den olympischen Spielen Wettkämpfe des Geistes und Körpers boten. Dichtkunst, Redekunst, die darstellende Kunst waren demzufolge hoch ausgebildet, die körperliche Gewandtheit wurde infolge dieser Feste eine Hauptbedingung der Jugenderziehung. Jedermann konnte auf diesen Festen einen Preis erringen, der stets aus der Hand des Königs empfangen, Ehre und mannigfache Vorteile brachte. Die Sieger erhielten das Recht, je nach ihren besonderen Neigungen sich eine Gnade von Maban auszubitten, die stets erfüllt wurde, so das Erbetene nur ausführbar erschien. Besondere Akademien bestanden für die Ausführung neuer Erfindungen, welche im Reiche gemacht wurden. Jedem war hier Gelegenheit gegeben, seine zu verwirklichenden Ideen auf ihren Wert oder Unwert zu prüfen, Modelle anzufertigen und Versuche anzustellen.

Kein ernsthafter Erfinder war um Geldmittel verlegen, denn die Staatswerkstätten lieferten ihm alles, sobald eine Idee nur die geringste Aussicht der Möglichkeit ihrer Ausführung dem Komitee bot, das die eingehenden Anträge keineswegs kleinlich prüfte. Maban hatte befohlen, nach dieser Richtung hin die größte Toleranz zu üben und erzielte hierdurch ungeheure Erfolge auf dem Gebiete der Technik. — Geniale Köpfe leiden auf Erden nur zu oft an der Unmöglichkeit der Ausführung ihrer Ideen aus Geldmangel. Die irdische Regierung ist für unausgeführte Ideen, für unbewiesene, nur durch vielfache Experimente zum Erfolg führende Projekte nicht leicht zu haben. Hier war es anders: Auf Mallona wurde bei selbst aussichtslos scheinenden Projekten weiter experimentiert, seitdem wichtige neue Entdeckungen zufällig gemacht worden waren, infolge Mißlingens der eigentlich beabsichtigten Versuche. (Denn auch auf Mallona gab es nicht selten unfreiwillige Erfinder wie Böttcher, der Gold machen wollte und das Porzellan erfand!)

Die hervorragendste Entdeckung für Maban war die Erfindung ungeheuer schnell fahrender Wagen, die auf besonderen planierten Straßen die Verbindung überallhin herstellten. Die Ingenieurkunst hatte es fertig gebracht, Hindernisse bezüglich Terrainschwierigkeiten nicht mehr zu achten. Die einzelnen Ortschaften waren stets in geradester Linie durch Straßen verbunden, auf denen Wagen in verschiedener Größe in rasender Geschwindigkeit hin- und herfahren konnten. Selbstredend war auch diese Bahn staatlich, die Wagen wurden den Gemeinden geliefert, die Benutzung derselben stand jedermann frei zu, der nachweislich eine kürzere oder weitere Fahrt antreten mußte.

Schiffahrt fand auf dem Meere fast gar nicht statt. Sie war unnötig, um die durch Wasser getrennten Reiche Nustra und Monna zu verbinden. Denn das Meer — an einigen Stellen sehr inselreich und ohne große Tiefe war von Mabans Ingenieuren, die Riesenbrücken von einer Insel zur andern schlugen und dadurch beide Erdteile an verschiedenen Stellen miteinander verbanden, bezwungen worden. Würde der Planet Mallona ebenso wie unsere Erde dem schroffen Wechsel der Jahreszeiten ausgesetzt gewesen sein, hätten ebenso heftige Stürme zum Frühjahr und Herbst seine Wasser aufgewühlt, so wäre auch die hochausgebildete Kunst der Ingenieure bald gescheitert am Widerstand der Elemente. Mallona besaß jedoch eine *andere Achsenstellung* als unsere Erde, wodurch die Zonen gleichmäßiger und die Jahreszeiten weniger wechselreich auftraten; wenn auch genügend, um Sommer und Winter, Regen und Sonnenzeit sehr wesentlich zu scheiden.

Gleichzeitig mit der Entdeckung schnell fahrender Wagen hatte ein kundiger Chemiker einen *Sprengstoff* erfunden, mit dem ungeheure Wirkungen erzielt werden konnten. Seine Zusammenstellung wurde jedoch als größtes Staatsgeheimnis bewahrt und dessen Herstellung wurde nur zu besonderen Zwecken auf Befehl des Königs angeordnet. Dieses Geheimnis machte Maban für alle Feinde unüberwindlich, denn vermöge der enormen Sprenggewalt war er imstande, ganze Landstrecken mit einem Schlage zu verwüsten! Hatte er doch in dem letzten Kriege einen nicht unbedeutenden Berg, der von einer Festung gekrönt wurde, mittels seines fürchterlichen Sprengmittels zerstört, so daß Widerstand gegen ihn als Feind, der mit solchen Waffen gerüstet war, unmöglich wurde.

Merkwürdigerweise hatte diese Entdeckung nicht zu einer Konstruktion von Feuerwaffen geführt, deren Zerstörungskraft allerdings im Vergleiche zur Vernichtungskraft dieses Sprengstoffes nur unbedeutend erscheint. Wohl aber waren infolgedessen mächtige Bohrmaschinen und besondere, wie Maulwürfe schnell arbeitende Werzeuge zur Herstellung *unterirdischer Minen* erfunden worden. Sodann *Schleudermaschinen*, die aus weiter Entfernung den Sprengstoff nach einem Ziele senden konnten, der explodierend im weiten Umkreise gleich einem berstenden Krater alles vernichtete.

Maban hütete dieses fürchterliche Geheimnis mit aller Sorgfalt, er wußte sehr wohl, daß es ihm zu seiner unbeschränkten Macht verholfen hatte und diese sicherte.

Unter seiner Regierung entstand auch der Wert des Orosteines, der im Rod eingebettet nur selten vorkam. Als ein Produkt des Feuers fand er sich nur in großen Tiefen vor, namentlich in den schon geschilderten unterirdischen Höhlungen der Kratergegend Marda. Seine Gewinnung war mit großen Gefahren verbunden. Mut und Kraft gehörte dazu, und eben deswegen setzte Maban große Belohnungen und die Erreichung besonderer Ehren auf dessen Ablieferung, um durch diese als Sport betriebene Besiegung der Gefahren ein weiteres Mittel zur Stählung der Charaktere zu besitzen.

Der Orostein galt als ein *magisches* Mittel, das Gesundheit verleiht, dem Besitzer Kraft und langes Leben versprach, pulverisiert sollte er jede Krankheit heilen. Es war natürlich, daß der Glaube, der sich an die

Kraft des Steines anknüpfte, vieles vermochte, wozu der Stein selbst wohl unfähig war. Maban wußte das sehr wohl, nichtsdestoweniger unterstützte er alles, was seinem Ansehen dienen konnte, weil er dem ökonomischen Grundsatze huldigte: Schaffe einen höchsten Wert und halte ihn auf höchster Höhe, so hast du ein sicheres Maß für die Bewertung jedweder Arbeit. Der übertrieben hochgesteckte Wert des Orosteines begünstigte wohl anfangs die gute Absicht, wurde aber später zum Verderben.

Jahrungen waren seit dem Antritt der Regierung Mabans vergangen und seine schon genannten Söhne *Muhareb* und *Areval* waren erwachsene Männer geworden. Maban setzte alle Hoffnungen auf seinen würdigen ältesten Sohn und Thronfolger Muhareb, während Areval, seiner heißblütigen Mutter ähnlicher, oftmals Charaktereigenschaften entwickelte, die den Vater nur zu sehr an seinen Schwiegervater Ksontu erinnerten: Eigenschaften, die ihm nicht gefielen, die jedoch angesichts der gesicherten Thronfolge ihm ungefährlicher erschienen, als sie waren.

Areval war klug aber hinterlistig, genußsüchtig und doch wieder aus Klugheit enthaltsam. Er beneidete seinen älteren Bruder und fürchtete in ihm den zukünftigen Herrscher. Er wünschte selbst Herrscher zu sein und suchte sich mit Getreuen zu umgeben, die ihm fest anhingen. Allmählich, je älter der Vater wurde, festete sich in seiner Seele ein bestimmter Plan. Er wurde unversehens von Frömmigkeit ergriffen und spielte dem Vater gegenüber den glühendsten Bewunderer seiner Pläne. Es gelang ihm, die Maske so gut vorzuhalten, daß Maban immer mehr Vertrauen zu ihm gewann und glaubte, nur die schäumende Jugend habe ihn früher zu Verirrungen geleitet, die der reifende Mann jetzt als solche erkannt und verachtete. Er übergab ihm die Verwaltung eines der Residenzstadt nahen Distrikts und Areval wußte so sehr seine Zufriedenheit zu erringen, daß er nach Verlauf einiger Jahre ihn zum Vizekönig von Nustra einsetzte. Das hatte Areval gewollt, seiner Herrschsucht war zunächst Genüge geschehen. In seiner Residenz war er durchaus nicht mehr der gütige Herrscher, der er schien, wenn er sich auch den von Maban geschaffenen Verwaltungsgesetzen zwangsweise unterwarf, sondern ein Mann, der eigenwillig blieb, wo er nur konnte, der selbstsüchtig und leidenschaftlich nur das eine Ziel kannte, sich und seinen Begierden zu dienen.

Die Zeiten, die er am Hofe seines Vaters zubringen mußte, schienen ihm als Strafe, denn während derselben war er gänzlich dem Willen seines Vaters unterworfen. Um so zügelloser wurde er jedesmal nach der Rückkehr in sein Reich. Es war ihm nicht schwer gefallen, unter den Nustranern, die wie bekannt zur Sinnlichkeit und Genußsucht neigten, Anhänger seines Lebens zu finden. Diese wünschten nichts mehr, als Areval zu ihrem stetigen Herrscher zu haben. Seine nächste Umgebung sorgte auch getreulich dafür, daß Maban trotz mancher ihm zugeführten Berichte über das eigentliche Treiben seines Sohnes im Unklaren blieb, während Areval durch ausschweifendes Leben den ersten Keim zu einer schleichenden, Körper und Geist zerrüttenden Krankheit legte.

Zwischen den beiden Brüdern Muhareb und Areval hatte sich im Laufe der Zeiten der Gegensatz noch mehr verstärkt, als sich immer mehr herausstellte, daß die Staatseinrichtungen Mabans nicht zu den gehofften Resultaten führen konnten, wenn nicht die Bevölkerung ein hohes sittliches Ideal erreichte. Von dem war sie jedoch noch weit entfernt. Zunächst beugte sie sich nur dem alles niederwerfenden Willen Mabans, der mit eiserner Hand durchzuführen wußte, was er als gerecht erkannte. Die Partei der durch ihn Großgemachten, ohne Unterschied von Stand und Ahnenkultus, der früher eine ebenso große Rolle in Mallona spielte als jetzt noch auf der Erde, hing zwar mit schwärmerischer Liebe an ihrem König. Jedoch die mangels eines besonderen Verdienstes nicht mehr an der Spitze stehenden Gernegroßen, des Vorrechtes von Geburt und Ahnenrecht sowie vieler Vorteile beraubt, nährten in sich einen versteckten Haß, den sie auch auf ihre Nachkommen übertrugen. Letzteren erschienen die verloren gegangenen Rechte ihrer Väter, Unmöglichkeit von Besitz und Herrschaft, die Gleichheit und vor allen Dingen die Notwendigkeit einer Arbeit, um leben zu können, als Undinge, die einstens zu beseitigen das erstrebenswerteste Ziel sei.

Von Muhareb war eine Änderung nicht zu erwarten. Seine tiefe Verehrung für seinen Vater und das Erkennen der guten Absichten war viel zu tief in ihm eingewurzelt, als daß er dessen Einrichtungen jemals verworfen hätte. In den beteiligten Kreisen kannte man diese Aussichtslosigkeit. Anders würde es, so hofften die Häupter der heimlichen Gegner Mabans, falls Areval einst den Thron besteigen könnte.

Muhareb blieben in seiner tiefen Erkenntnis diese Strömungen nicht verborgen. Er litt darunter, denn sein Menschen liebendes Herz sah voraus, welche voraussichtlichen Kämpfe entstehen müßten, falls er den Thron würde zu besteigen haben. Er schauderte vor dem Gedanken, Blut vergießen zu müssen, um seinen Thron zu festigen. Er wußte, wie Areval immer mehr heimliche Anhänger sich gewann, war jedoch nicht imstande, die ihm zugetragenen Beweise der gegen ihn gerichteten Verschwörung seinem Vater mitzuteilen. Wußte er doch zu gut, daß dieser nicht davor zurückschrecken würde, nötigenfalls das Blut seines zweiten Sohnes zu opfern, um seine Schöpfung zu retten.

Muhareb hatte in sich einen ungeheuren Kampf durchzuführen, aus dem er mit freudigem Siegesgefühl hervorging. Er war entschlossen, die Völker nicht einem gewaltigen Bürgerkriege entgegenzuführen, seinen Bruder nicht dem Verderben zu überliefern, sondern fest der höchsten Kraft zu vertrauen, die es zugelassen, daß Maban so Großes erreicht hatte. Diese würde auch ihn Mittel finden lassen, das Erreichte zu bewahren und zu schützen.

In Mallona war es Sitte, daß Ehen erst sehr spät von seiten der Männer geschlossen wurden. Man verlangte, daß jeder Mann erst Beweise seiner Tatkraft und Charaktertüchtigkeit gegeben habe, ehe er würdig befunden wurde, ein Weib heimzuführen. Der Grund lag in dem religiösen Empfinden der Völker, das in dieser Hinsicht in allen vier großen Reichen das gleiche war. Die Gottheit stellte man sich vor in zwei Prinzipien getrennt: gut und böse, jedoch nicht sich gegenseitig befeindend, sondern ergänzend. Die urheiligste Lehre sagte: „Was in dem Schoße der Gottheit ruht, ist Leben und Kraft zum Leben. Die Betätigung des Lebens ist das Wollen zum Leben. Alles, was zu dieser Betätigung dient, ist Ausfluß göttlicher Kraft. Geschieht es, daß dieses Ausfließen unterbunden wird, so wird die Gottheit einstens sterben."

Nach dieser Lehre war auch eine böse Tat das Resultat göttlicher Kraft. Man unterwarf sich ihr als von der Gottheit gewollt, verspürte man nicht Kraft genug, sie zu verhindern. Insofern sah man selbst in seinem Feinde als Sieger den Ausfluß der Gotteskraft und unterwarf sich ihm ohne Murren, bis die selbstbewußt gewordene Kraft des Unterdrückten imstande war, ein Joch abzuschütteln. Hierauf ruhte zum großen Teil der Erfolg Mabans.

Das Gute, d. h. alles, was dem Menschen angenehm war, wurde verehrt in der Form des Schönen, und zwar als weibliches Prinzip; das Harte, Tatkräftige, das auch als Böses auftreten konnte, in der Gestalt des Mannes. Ein schönes Weib wurde geachtet als besonders von der Gottheit begnadet. In ihm sah man den Inbegriff des zu Verehrenden als sichtbares Zeichen ihres Wirkens.

Der Mann, welcher sich betätigen mußte, um zu zeigen, daß er ein Ebenbild der Gottheit zu sein strebe, wurde deswegen auch nur dann würdig erachtet, ein Weib zu freien, wenn er Beweise seiner Tatkraft gegeben hatte. Eine Folge dieser Anschauung war, daß namentlich das schöne Weib den Fallstricken der Eitelkeit sehr unterlegen war. Genügte es doch für ein Mädchen, nur schön zu sein, um hoch im Ansehen zu stehen. Daß das Weib dadurch im ganzen Leben der Mallonabewohner eine Macht ausüben mußte, die die größten Gefahren heraufzubeschwören imstande war, falls Genußsucht, Sinnlichkeit und Käuflichkeit an Stelle der einfachen Sitten treten würden, ist leicht erklärlich.

Weiterhin war in den Tempeln ein Kultus zu finden, durch den die Schönheit des Weibes gefeiert wurde, der in den sittlich reinen Zeiten des Reiches würdevoll und eingedenk des eigentlichen Sinnes sich vollzog, später jedoch zu wüsten Orgien ausartete. Eine Erscheinung, wie sie auch das antike Griechenland hervorgerufen hat.

Die höchsten Männer des Staates konnten unbeanstandet das ärmste Mädchen des Landes zur Gattin erheben. Diese Fälle waren sehr häufig, jedoch mußte der Mann gewärtig sein, daß das Mädchen ihn ausschlug. Maßgebend für das Mädchen war der Ruhm des Mannes, den er sich in seinen Kreisen erworben. Nichts fürchtete sie mehr, als daß der Mann ihres Herzens sich durch irgend eine Tat lächerlich machen könne. Siege auf den öffentlichen Spielen galten ihr als eine hervorragende Ehre des Geliebten.

Die einmal geschlossene Ehe war unlöslich, auch durfte der Mann nur ein Weib haben. Dies wieder infolge der religiösen Anschauung, daß die in eins wirkende Dualität der Gottheit sich nie wieder trenne, sobald sie das Wollen in sich zur Tätigkeit entwickelt habe und daraus immer neue Taten entspringen. Das Weib als Prinzip des latenten Lebens, der Mann als das der aktiven Lebenskraft durften sich nicht wieder trennen, um den erweckten Lebenswillen nicht wieder zu zerstören.

Muhareb hatte sich umgesehen unter den Töchtern des Landes und ganz im Geheimen hatte er ein Mädchen gefunden, das ihm das Ideal dessen wurde, was er ersehnt hatte. Es war die Schwester Upals, des glücklichen Finders des Orosteines.

Zwischen Muhareb und *Fedijah* war ein inniges Gefühl reiner Liebe entstanden, jedoch wußte Fedijah nicht, wer Muhareb war. Er hatte bisher seinen hohen Stand verschwiegen, um sicher zu sein, daß er seiner selbst willen geliebt würde. Auf diese Weise hatte er sich überzeugt, welch ein Kleinod an Herzensreinheit, Tugend und hingebender Liebe er in dem Mädchen gefunden. Fest war er gewillt, sie zu seiner Gattin zu erheben. Schwierigkeiten, diesen Wunsch auszuführen, standen nicht im Wege. Die bereits geschilderten Eigenschaften berechtigten jedes schöne Mädchen zur Verbindung mit dem höchstangesehenen Manne des Landes, und Fedijah war vollendet schön.

An einem Feste, das das Geburtsfest der Gottheit genannt wurde und als das höchste der Jahrung galt, wurden die schönsten Mädchen zum Gottesdienste in dem Tempel bestimmt. Fedijah wurde dabei die Zeremonie der Opferentzündung übergeben. Bei dieser Gelegenheit sah sie Areval, der am Hofe seines Vaters die übliche Zeit zubrachte, und faßte eine tiefe Leidenschaft zu dem Mädchen. Mittels seiner ihm auf Tod und Leben ergebenen Getreuen erkundigte er bald, wer die schöne Opfernde gewesen, und eines Tages war Fedijah spurlos verschwunden. Muhareb hatte, an der Seite seines Bruders stehend, den bewundernden Ausruf Arevals über die blendende Schönheit Fedijahs vernommen und sofort Argwohn der Liebe geschöpft, kannte er doch zu gut die tugendhafte Maske seines Bruders.

Areval reiste sofort nach dem Verschwinden Fedijahs in sein Reich zurück. Muhareb, sicher, daß sein Bruder der Räuber seiner Braut und bedacht sei, diese gewaltsam nach seinem Reiche zu schleppen, eilte auf dem schneller fahrenden Wagen dem Bruder voraus und erteilte die nötigen Befehle, an einem wenig bewohnten Orte den Troß Arevals aufzuhalten.

Areval kam in einem prunkvollen verdeckten Wagen angefahren. Wütend über die plötzliche Störung seiner Reise, wollte er herrisch gegen die den Wagen umgebenden Männer auffahren. Da sah er sich seinem Bruder Muhareb gegenüber, der mit dem Schwert in der Hand seinen Wagen allein betrat und durchsuchte. Eingeschläfert von betäubenden Mitteln fand er Fedijah in einem verborgenen Teile des Wagens in einem Zustande, der ihm bewies, daß Areval die heiligsten Empfindungen des Volkes, die es mit weiblicher Schönheit verband, mißachtete.

Rasend vor Wut und Schmerz erhob er das Schwert gegen seinen Bruder und hätte ihn getötet, würde nicht dieser in seiner Angst vor dem ihm an Körperkraft weit überlegenen Bruder die List gebraucht haben, sich blitzschnell hinter Fedijahs Körper zu werfen und diesen zur Deckung zu benutzen. Wenige Augenblicke genügten, Muhareb seine Besinnung wiederzugeben und ihn von dem Brudermorde abzuhalten. Er herrschte Areval an, ihm zu gehorchen und den Wagen nicht zu verlassen. Als er Miene machte, zu widersprechen, sprang er auf ihn zu und fesselte ihn gewaltsam. Sodann gab er Befehl nach der Hauptstadt zurückzufahren.

Die Getreuen Arevals und Muharebs hatten zwar bemerkt, daß im Inneren des festgefügten Wagens zwischen den Brüdern ein Streit entstanden, doch keiner hatte gewagt, sich hineinzubegeben. Schweigend wurde der Befehl Muharebs entgegengenommen und in sausender Eile ging die Fahrt zurück. —

Kein Wort wechselten die Brüder während der Fahrt, Fedijah blieb in tiefer Betäubung. Am Ziele angekommen, übergab Muhareb die noch immer Leblose einem treuen Diener, der sie in das Elternhaus brachte. Er selbst zwang Areval, ihm zu Maban zu folgen und vor dem Vater Rede zu stehen. Dieser entsetzte sich zwar über die Tat seines Sohnes, die nach den herrschenden Begriffen mehr als eine Schandtat war, suchte jedoch die Brüder zu versöhnen um des fürchterlichen Aufsehens wegen, die sie im Volke machen mußte. Muhareb bestand auf voller öffentlicher Anklage gegen seinen Bruder, denn seiner Überzeugung nach war nur durch eine strenge Bestrafung die Sitte des Volkes zu retten, die durch Areval in seinen Kreisen untergraben wurde. Weitschauend erkannte er, daß nur durch Ausrottung des Übels der beginnende Verfall alten Glaubens, die Mißachtung heiliger Empfindungen verhindert werden könne.

Der alt gewordene Maban war anderer Meinung: ihm war darum zu tun, das äußere Ansehen zu retten, er glaubte den inneren Schaden auch ohne Lärm zu beseitigen. Muhareb stellte seinem Vater alle Gefahren vor die Seele und bewies ihm, wohin bereits in dem Reiche seine Nachsicht die Seelen geführt. Maban blieb bei seinem Entschlusse und befahl sogar seinem Sohne zu schweigen und Areval zu verzeihen.

Kaum war dieser Befehl von Mabans Lippen gekommen, richtete sich Muhareb hoch auf, warf einen Blick auf seinen Vater und den triumphierenden Areval, verneigte sich stumm und ging. Von dieser Stunde an war Muhareb und bald darauf auch Fedijah verschwunden. Niemand hat beide mehr gesehen. Jahrungen vergingen. Maban alterte zusehends, der Gram um seinen Erstgeborenen fraß an seinem Herzen. Er starb und Areval wurde König von Mallona. —

KÖNIG AREVAL

Die Bilder der Vergangenheit sind an meiner Seele vorübergezogen und wieder sehe ich die Hauptstadt vor mir, die Heimat Upals, der einstige Herrschersitz Mabans, die Residenz des jetzigen Königs Areval. Auf Bergeshöhe steht ein schimmernder Palast, seine Wände glänzen wie bläulich gefärbtes Milchglas. Herrliche Arabesken von sorgfältigster Arbeit zieren Fensteröffnungen und Gesimse. Das Dach schimmert goldig, erhebt sich ziemlich schräg und trägt rings um die flache Schlußecke ein goldenes Gitter. Das ganze Gebäude ist von beträchtlichem Umfang, enthält weite Hallen und beherrscht von seinem Standpunkte aus die ganze am Fuße des Berges terrassenartig aufgebaute Stadt.

Eine breite Treppe führt als einziger Zugang von den ersten Stadtgebäuden zu den Vorhöfen des Schlosses. Eine starke dreifache Mauer, gekrönt mit Zinnen und dreieckigen Türmen, umgürtet den Königssitz. Überall sehe ich Soldaten, die Leibwache des Königs, welche namentlich die große Treppe bewachen und es unmöglich machen, daß ein Fremder den Palast betrete. Mich hindert die Wache nicht, keine fest verschlossenen Pforten gebieten mir Halt. Ich durcheile prunkvolle, mit den versammelten Großen des Reiches gefüllte Säle, weite Hallen und Gänge und gelange zu einer Reihe hochgewölbter, kostbar ausgestatteter Räume. Nur flüchtig gleitet mein Blick über allerhand Gerät, kostbar glitzernde Schaustücke, Waffen und Verzierungen, denn die mich ziehende Kraft gestattet mir keine genaue Umschau.

Nun befinde ich mich in einem weiten Zimmer, unter dessen offenem Fenster auf einem Ruhebette zwischen weichen Kissen der unruhig sich hin- und herwälzende Körper eines kostbar gekleideten Mannes liegt. Ein Diadem mit großem, funkelndem Stein ziert seine Stirne; der Ausdruck des Gesichtes ist verstört, augenscheinlich leidet der Mann. Es ist Areval, der mächtige König von Mallona. Vor ihm steht ein großer, in langem Talar gekleideter Mann, der unbeweglich, die Augen fest auf den König gerichtet, die Hände verborgen in den weiten Ärmeln, dem Zustande des Königs zuschaut. —

Der Kranke ächzt und leidet Schmerzen, seine Augen stieren plötzlich ins Leere und scheinen Ungewöhnliches zu sehen. Hastig macht er abwehrende Bewegungen, richtet sich auf und ruft:

„Schaff' mir die Fratze vor meinen Augen fort!" —

Schnell tritt der große Mann heran, legt seine Hand auf des Königs Stirn, murmelt unverständliche Worte und reicht ihm aus einer Schale zu trinken. Gierig schlürft dieser den kühlenden Trank und sinkt erschöpft in die Kissen zurück. Der König schließt die Augen und entschlummert; ein Zug der Verachtung und des Hohnes zeigt sich auf dem Antlitz seines Trösters. Dann löst dieser den Vorhang vor dem offenen Fenster, beugt sich über den Kranken und flüstert ihm leise Worte zu.

Tiefe Atemzüge zeigen alsbald den festen Schlaf des Königs an und befriedigt zieht sich der Helfer zurück. Er geht zur Tür, öffnet und gebietet zwei draußen harrenden Dienern, den Schlaf des Königs zu bewachen. Sodann durchschreitet er drei längere Säle und gelangt in ein Zimmer, in dem Soldaten und Diener den Zugang zu den innersten Gemächern des Königs bewachen. Ehrfurchts- und erwartungsvoll blicken diese auf ihn. Mit ruhigem Tone, der jedoch spitz und scharf ans Ohr klingt, sagt er: „Der König ist ermüdet, kein Empfang heute!“ —

Zwei der Diener gehen in den anstoßenden großen Saal, in dem sich die Großen des Reiches versammelt hatten, um die Absage zu verkünden. Ein anderer schlägt einen Vorhang von einer hohen Tür zurück; man sieht einen längeren Gang, welcher in ein offenes Zimmer ausmündet. Diesen durchschreitet der Große und begrüßt in dem runden Gemach einen phlegmatisch dreinschauenden Mann, der den Kommenden ruhig und freundlich betrachtet. Es ist der Vizekönig von Monna, der hier auf Karmuno wartet, den Oberpriester und ersten Vertrauten des Königs Areval.

Im vertraulichen Ton fragt der Vizekönig: „Wie steht es um unseren Bruder und Herrn?“

Ihm wird die leise Antwort: „Besser als zu hoffen. Die Krankheit geht langsam vorwärts. Der Kopf bleibt klar, wenn auch die Denkkraft sich manchmal verdunkelt. Herr, die Zeit ist noch nicht nahe, wo es handeln heißt!“ —

Ein Schatten fliegt über das Gesicht des Vizekönigs. Dann sagt er ruhig lächelnd, indem er die Hand grüßend erhebt: „Wir können warten! Karmuno kennt seinen Freund und wird ihm vertrauen. Monna ist gerüstet für den Fall, daß unser Bruder und Herr zu dem Volk der Toten geht.“

Vorsichtig nähert sich der Oberpriester dem Vizekönige: „Areval wird weder heute noch in nächster Zeit den Rat des Landes halten können. Nutzt diese Frist. Ich suche den König zu bestimmen, euch als Stellvertreter einzusetzen, dies bringt uns dem Ziele näher. Könnt Ihr dem Feldherrn Arvodo auch ganz vertrauen? In seiner Hand liegt die Gewalt der Heeres in Mallona, wenn Ihr hier Mitregent Arevals seid. Es droht Gefahr, wenn Ihr nicht des Mannes sicher seid.“ —

Der Vizekönig wehrt ab und sagt mißmutig: „Karmuno, ich weiß, Ihr seid kein Freund des Feldherrn, doch geht das Mißtrauen weiter als es sollte. Arvodo steht fest zu mir, ich traue ihm ganz, denn er ist getreu, doch weiß er nicht, welche Pläne uns verbinden. Er soll es auch nicht eher erfahren, als bis die Stunde naht."

Ein leichtes abwehrendes Lächeln gleitet über des Priesters hageres Gesicht: „Ich fürchte, Arvodo wird sich nicht täuschen lassen. Wehe uns, spielt er falsch und erwachen in seiner Brust ehrgeizige Pläne!"

Der Vizekönig erhebt sich und sagt kurz: „Wir sind vorsichtig und wachsam, Karmuno, Ihr seid es auch, es wird uns also nicht an dem Erfolge fehlen."

Er grüßt mit der Hand und schreitet zu der Tür in den großen Empfangssaal hinaus.

Einen Augenblick bleibt der Priester in der bisher unterwürfigen Stellung stehen. Dann erhebt er sich zur vollen Höhe, blickt dem sich Entfernenden giftig nach und murmelt leise Worte, sodann folgt er ihm.

Im Empfangssaale ist es leer geworden. In einer Nische stehen zwei Männer. Der eine in voller Kriegsrüstung. Eine Art strahlender Schuppenpanzer bedeckt den Oberkörper, ein wallender weißer Mantel mit gestickten Verzierungen hängt von seinen Schultern, ein breites Schwert an der Hüfte. Er ist ein ideal schöner Mann nach unseren Begriffen, kraftvoll und klug aussehend. Ein leichter Vollbart umrahmt das edle Gesicht, das Auge ist klar. Die leicht zusammengekniffenen Lippen, die etwas gesenkten Augenlider zeigen an, daß er mit großer Selbstbeherrschung bemüht ist, jede Erregung des Inneren zu verbergen. Der neben ihm stehende, fast gleich gekleidete kleinere Gefährte zeigt auffallende Ähnlichkeit mit ihm, ich erkenne, es sind Brüder.

Der Vizekönig schreitet an beiden vorüber, freundlich lächelnd die Rechte erhebend. Ein Gruß, der nur befreundeten Personen geschenkt wird. Beide danken, indem sie die Rechte zur Erde senken und den Kopf neigen.

Karmuno nähert sich jetzt den beiden und redet den Großen an:

„Arvodo wolle mir stets Freundschaft bewahren!"

Verbindlich antwortet der Angeredete: „Karmuno weiß, wie glücklich er seine Freunde durch seine Liebe macht."

Seufzend sagt der Priester: „Des Königs Zustand gestattet ihm nicht, dem Feldherrn heute neue Beweise seines Vertrauens zu geben. Der König ist sehr krank!"

„Karmunos Kunst wird seine Krankheit zu bannen wissen, wie schon oft. In seiner Hand ist Areval wohl geborgen."

Ein lauernder Blick des Priesters und Arztes trifft den Sprechenden, der ihm jedoch verbindlich lächelnd ins Auge schaut. Gewichtig sagt er dann: „Arvodo sollte heute zum Ober-Feldherrn von Mallona ernannt werden, in seiner Obhut wird König Areval vor allen Feinden sicher schlafen können."

Beteuernd legt Arvodo seine Rechte auf die Brust und sagt in ernstem Ton: „Unserem Herrn, dem König Areval, gehören meine Dienste und mein Leben. Seine Feinde sind die meinen!"

Karmuno weiß nichts darauf zu erwidern. Er grüßt und geht. Die beiden Brüder wechseln einen verständnisinnigen Blick, sodann wenden auch sie sich dem Ausgange der Halle zu und verlassen den Palast.

Als beide an den Stufen der großen Freitreppe stehen, blickt Arvodo auf die vor ihm liegende Stadt und die herrliche sie umgebende Gebirgsgegend. Ernst blickt er auf das wunderbare Panorama und sagt leise zu dem Bruder: „Eine Gegend, herrlich und lieblich, und eine Stadt, zeugend von der Kraft unseres Volkes. Und dennoch nur ein Sitz von verkommenen Seelen! Werde ich sie zurückführen können? Mir bangt vor der Aufgabe und dem glücklichen Gelingen."

Ohne eine Entgegnung des Bruders abzuwarten, schreitet er schnell die Stufen hinab. Unten am Fuße der Treppen außerhalb der Wachen, steht Upal in wartender Haltung, gespannt auf Arvodo blickend. Der feste Blick Upals bewegt den Feldherrn, ihn näher anzusehen. Eine eigentümlich neigende und gleichzeitig kreisende, unauffällige Bewegung des Kopfes, die Upal bei seinem Gruße ausführt, überrascht Arvodo ersichtlich. Er winkt ihn heranzutreten und fragt leise: „Wer bist du?" — Freudig sieht Upal in das edle Antlitz des Feldherrn und flüstert: „Herr, ein Diener der Unglücklichen! Upal ist mein Name."

„Du willst mich sprechen?"

„Ja, Herr, doch im Geheimen und Euch allein!"

„Komme, wenn der Abend sinkt." —

Upal legt die Hand auf seine Brust und entfernt sich stillschweigend. —

Schnell wendet sich Arvodo jetzt seitwärts zu seinem Bruder, flüstert ihm zu: „Es ist ein Getreuer!" und geht schnell einem Platze zu, wo eine Anzahl ähnlicher kleiner Wagen stehen, wie ich sie auf der Fahrt Upals nach der Hauptstadt gesehen. Die Brüder besteigen ein kostbar ausgeschmücktes Gefährt, das von einem Diener Arvodos geführt wird, und schnell eilt dasselbe durch die breiten, volksgefüllten Straßen der Stadt.

Die nicht sehr hohen Häuser sind geschmückt mit Blumen, auf den flachen Dächern sind überall künstliche Gärten angelegt. Ich sehe allerhand mir unbekannte, breitblätterige Schlingpflanzen in Kübeln, zusammengestellt zu Laubgängen, die schattige Ruheplätze bieten. Nach der Straße zu oftmals farbige Vorhänge, gezogen zum Schutze gegen neugierige Blicke. Alles zeigt Wohlstand, selbst Reichtum der Bewohner.

Wir sind im Viertel der Wohlhabenden, die mit den Sorgen des Lebens nicht zu kämpfen haben. Vor einem größeren Gebäude hält jetzt der Wagen Arvodos. Die beiden Brüder steigen aus und betreten das Haus; es ist das ihrige. Sie werden von Dienern empfangen und in die inneren Gemächer geführt.

Arvodo entledigt sich der Rüstung; er zieht ein weites, mantelartiges Hausgewand an, ähnlich der römischen Toga. Sein Bruder hat dasselbe getan und jetzt begeben sie sich auf das Dach ihres Hauses, wo sie unbelauscht von Spähern sich unterreden können. Eine schmale Treppe führt hinauf, sie wird oben abgeschlossen durch ein Gitter. Arvodo verschließt dieses und beide Brüder sind nunmehr ungestört in dem Dachgarten, ein Kunstwerk gärtnerischen Geschmackes. Blühende Blumen, Lauben ringsum, die Pflanzen eingepflanzt zwischen künstlich zusammengebauten Steinen; nirgends unschöne Töpfe, alles zierlich, der Natur getreu nachgeahmt und doch nicht das Dach des Hauses zu stark belastend.

Arvodo setzt sich in seine Laube, von der aus der Aufgang zum Dachgarten beobachtet werden kann, sein Bruder betrachtet ihn besorgt und liebevoll. Schweigend gleitet des Feldherrn Blick über die duftende Blumenpracht der benachbarten Gärten. Eine finstere Falte hat sich zwischen die Augenbrauen gelegt und aufseufzend begegnet sein Blick jetzt dem seines Bruders.

„Deine Gedanken sind nicht freudig, weshalb?“ fragt ihn der jüngere Rusar.

„Wie könnten sie es sein, wenn ich mich in allem gehemmt sehe! Areval hat es verstanden, alle Schätze derart an sich zu reißen, daß dem ausgesogenen Volke nichts geblieben. Auch wir, die Großen, hängen nur von seiner Gnade ab. Er kann jeden durch ein Machtwort zum Bettler machen und hat es auch schon mit vielen getan, die es wagten, ihm entgegenzutreten. Das

Heer ist größtenteils ihm ergeben; es führt das müßige, üppige Leben doch nur durch seine Schätze. Ja, gehörten die Schätze des Wirdu mir, wie bald wäre es mit diesem Könige vorbei, der das Volk so tief hinabgeführt, als einst Maban es groß gemacht!"

„Vergißt mein Bruder ganz, daß er die Hoffnung des Heeres ist, daß man mit Stolz auf ihn blickt als den fähigsten Feldherrn, der mit Kriegsruhm bedeckte?"

Arvodo lacht auf: „Ein schöner, ein herrlicher Ruhm, mit einer Übermacht gegen ein aufständisches Völkchen von Nustra zu ziehen, das der Lasten müde ist, nicht mehr die Steuern erschwingen kann und sich deshalb empört; ein noch größeres Werk, es zu besiegen. Ein Schandwerk jedoch, es zu bestrafen und den Henker zu spielen. — Von unserem Vater lernten wir die Grundsätze und die Bestrebungen Mabans. Mit Schaudern erkenne ich, wie tief wir gesunken sind. Mit Schmerz, daß vielleicht kein Zurück mehr möglich und daß die Völker Mallonas zerrüttet und vernichtet wurden durch diesen König, den der Fluch der Gottheit uns gegeben. Ich habe geschworen, den Versuch zu wagen, Änderung zu schaffen. Mein Leben steht auf dem Spiel, doch nutzlos will ich es nicht wagen." —

„Warum so verzagt, die Vizekönige von Nustra und Sutona stehen auf deiner Seite, sie sind getreu."

„Gewiß, und wenn auch nur getreu, um nicht länger Areval dienen zu müssen. Auch den schlaffen Monnakönig fürchte ich nicht. Die Tage des Vizekönigs von Nustra sind gezählt, er ist alt und wird bald zu den Göttern gehen. Gelingt es mir, an seiner Stelle zunächst in Monna zu herrschen, so wird mein Bruder den Platz, den ich ihm einräume, sich zu wahren wissen."

Rusars Augen leuchten auf bei diesen Worten und sich zu dem Bruder neigend flüstert er: „Keine Macht kann mich trennen von dir, mit dir will ich sterben oder leben, um König Mabans Vermächtnis zu retten."

„Vielleicht heißt es sterben", sagt düster Arvodo. „Gelingt der Handstreich nicht, zuerst die Schätze Arevals zu erlangen und somit das Heer zu füttern, sind wir verloren. Du weißt, wie wachsam Karmuno ist, dieser Beherrscher des kranken abgelebten Königs, der im Lande herrscht und allen eine so demütige Miene zeigt, daß er die meisten täuscht. Ich weiß, wohin er strebt. Die Hand Artayas will er erringen, um sich durch die Tochter Arevals, einst mit ihr vermählt, das Recht auf den Thron zu sichern."

Heftig fährt Rusar auf: „Artaya, die Gattin des niederträchtigen Karmuno, nimmermehr!" —

„Steht Artaya auch deinem Herzen so nahe, daß der Gedanke dich so aufbringt?" fragt Arvodo. —

„Bruder, ihr alle beurteilt das Mädchen falsch! Sie ist nicht nach dem Vater geraten, Falschheit ist ihr fremd."

„Wolle Allvater, daß du die Wahrheit sprächst, doch hüte dein Herz. Schon lange sah ich, daß deine Augen sie nicht gleichgültig betrachten. Doch sage, Bruder, wenn du ihre Hand erringen könntest, so wirst du auf friedlichem Wege, was ich nur mit Gewalt erreiche, nämlich Herrscher von Mallona. Für dich liegt die Wahl zwischen deinem Bruder und Artaya."

„Als wüßte ich nicht, daß Areval mir nie die Hand seiner einzigen Tochter gewähren würde. Selbst wenn er wollte, der Widerstand Karmunos ist nicht zu überwinden. Auch mich kann nur Gewalt zu dem gewünschten Ziel bringen. Ist mein Bruder Herrscher von Nustra, so ist er es auch bald von Mallona. Aus seiner Hand würde ich alsdann die Gattin erhalten."

„Wenn sie selbst es will, gewiß." Rusar blickt unmutig den Bruder an. „Oder soll ich die von Maban dem Weib gewährte, durch Areval längst untergrabene Freiheit des Entschlusses nicht auch dem Volke zurück erobern?" —

„Verzeih die Regung der Selbstsucht in mir", antwortet verlegen Rusar, „doch du hast recht wie immer."

Der Ton einer Glocke erschallt aus den unteren Räumen. Arvodo richtet sich auf.

„Wir werden gestört, still!"

An den letzten Stufen vor dem verschlossenen Gitter erscheint ein Diener. Er meldet, daß hohe Gäste Arvodo erwarten und in den unteren Gemächern seiner harrten. Schnell öffnen die Brüder und begeben sich hinab. In einem kostbar ausgestatteten Zimmer, dessen weite, offene Fenster die laue Luft ungehindert eintreten lassen, stehen sechs Große des Reiches und werden von Arvodo mit Freundlichkeit und Hoheit begrüßt. Der älteste von ihnen, ein Mann in anscheinend mittleren Jahren, tritt vor und spricht im Tone der Ergebenheit: „Herr des Kriegsvolkes, im Auftrage und Namen des Königs, unseres Gebieters, überreiche ich Euch das Zeichen der Macht, welches Ihr nunmehr mit dem Könige tragen sollt. Das tückische Leiden desselben versagte ihm heute die Freude, Euch dieses Ehrenzeichen vor den versammelten Großen des Reiches zu überreichen, doch ist es sein Wille, nicht länger Euch dasselbe vorzuenthalten. Er begibt sich hiermit unter den Schutz seines Feldherrn, dieser wolle es tragen als ein Höchster in Mallona!" —

Der Sprecher übergibt dem Feldherrn einen Ring. Die genaue Nachbildung dessen ist es, den wir schon kennen; keinen Unterschied kann ich entdecken zwischen ihm und dem anderen schon gesehenen.

Arvodo bleibt kalt, er nimmt den Ring entgegen, steckt ihn an den vierten Finger der rechten Hand, ballt sie zur Faust und streckt diese empor. „Areval soll die Macht, die er mir gibt, nicht einem Unwürdigen gegeben haben. Ich harre des Augenblickes, wo ich dem König selbst meinen Dank zu Füßen legen darf!

Sagt ihm, sein Feldherr hält von nun ab treue Wacht!" —

Die Anwesenden verbeugen sich tief und rufen gleichzeitig: „Wir ehren in Dir die Macht unseres Königs Areval, Heil Dir und ihm!" In höflichsten Redewendungen spricht nunmehr Arvodo und dessen Bruder mit den Abgesandten, die die größte Ergebenheit dem nunmehr mächtigsten Manne zeigen: dem Stellvertreter des Königs, dem Gebieter aller Heere in Mallona, der mit königlicher Macht ausgerüstet ist und keinem anderen mehr als nur seinem Herrscher verantwortlich ist. — Die Abgesandten entfernten sich wieder, dann sind die Brüder allein. — Länger kann der jüngere Rusar die Maske der Gleichgültigkeit nicht mehr tragen. Seinen älteren Bruder erregt umschlingend, ruft er triumphierend: „Erreicht ist das Ziel!"

Finster schaut Arvodo nieder und sagt dumpf: „Ja, erreicht! Doch der Preis ist hoch, ich opfere mein eignes Selbst, mein besseres Ich. Was uns der Vater lehrte, Ehrlichkeit, Treue, Wahrheit und Offenheit, sie sind Schatten in mir geworden um des Zieles willen. Wird es möglich sein, aus dieser Saat des Truges einst köstliche Früchte zu ernten, Mabans Vermächtnis zu retten?" —

Rusar meint leichthin: „Mein Bruder wird das vermögen, jetzt nur voran und nicht gegrübelt!" —

Ein Zug festester Entschlossenheit zeigt sich auf Arvodos Antlitz, er richtet sich hoch auf: „Ja, ich werde es vermögen! Doch was hat den König bewegt, so außergewöhnliche Schritte zu tun, das Zeichen der königlichen Gewalt mir zu übersenden? Es ist nie Sitte in unseren Landen gewesen, anders als vor versammeltem Volke und Hofe persönlich die Gewalt zu verleihen. Ich muß zu ihm, ich muß die Gründe wissen und der Pflicht genügen, meinen Dank sogleich abzustatten. Folge mir zum König."

In einem kostbar ausgestatteten Zimmer sitzt König Areval an der Seite eines jungen, wunderbar schönen Mädchens. Es ist seine Tochter. Sie spielen ganz vertieft ein fremdes Spiel, ähnlich dem Schach. Areval scheint den Anfall überwunden zu haben, denn nichts verrät an ihm, daß er krank war. Jetzt führt die Tochter einen entscheidenden Zug aus und hell auflachend erklärt sie den Vater für besiegt.

Areval nickt und lehnt sich tief aufatmend in die Kissen des Ruhebettes zurück. Sein Auge ruht wohlgefällig auf Artaya, deren herrliche, doch kalte Schönheit anzeigt, daß in diesem Mädchenherzen das Gemüt wenig ausgebildet ist. Artaya ist sich ihres blendenden Äußeren bewußt, doch innerlich berechnend, grausam und lüstern; stets bereit, ihre Wünsche um jeden Preis durchzusetzen, gleichviel, welche Folgen daraus entstehen; ihren Launen unterworfen, ohne inneren Halt, ein würdiger Sproß des Vaters. —

Ein Diener tritt ein und meldet dem König, daß der Feldherr Arvodo bereit ist, seine Wünsche zu hören. In Arevals müden Augen zuckt es plötzlich auf, er lächelt und gibt den Befehl, den Harrenden zu ihm zu führen. Artaya erhebt sich, setzt das Spiel mit den Figuren langsam beiseite und zeigt sich besorgt um Areval. Augenscheinlich will sie Zeit gewinnen, den Erwarteten noch zu begrüßen, trotzdem es Sitte ist, daß sich die Frauen entfernen, wenn Männerbesuch zu erwarten ist. Nur wenn letzterer vom Hausherrn bereits empfangen, haben sie Zutritt, falls sie dazu aufgefordert werden. Der schwere Teppich vor dem Türeingange wird zurückgeschlagen und Arvodos hohe, in strahlenden Schuppenpanzer gekleidete Gestalt wird sichtbar. Ein verlangender Blick Artayas trifft Arvodo, nicht unbeachtet von ihm, dann schlüpft sie schnell in ein Nebengemach. Arvodo bleibt an der Türe stehen, tief neigt er seine Arme zur Erde. Der König sieht ihn scharf an und macht eine Bewegung, daß er näher treten soll. Es geschieht.

Plötzlich fährt Areval empor und sagt:

„Arvodo, Ihr seid mein erster Feldherr, Ihr habt, die Pflicht, mein Leben mit dem Euren zu schützen! Seid Ihr gewillt, das zu tun?“

Arvodo antwortet: „Mein König weiß es!“

„Ich gab Euch das Siegel meiner Macht, Ihr tragt es so wie ich.“ Er hebt die Hand und zeigt den Ring an seinem Finger. Es ist der gleiche, wie ihn Arvodo übersandt erhielt. „Werdet Ihr es nie mißbrauchen?“ —

„Zweifelt mein König, so gebe ich zurück, was ich empfing!“

Arvodo macht eine Bewegung, den Ring vom Finger zu streichen.

„Laßt das!“ — Arevals Stimme sinkt zum Flüstertone. „Noch weiß ich, was ich will. Kommt näher, ganz nahe. — Jetzt hört. — Ich kenne Euch, Arvodo, als einen Mann von Wort und ich vertraue Euch ganz allein. Ihr sollt mich schützen vor diesem Priester, von dem ich abhänge und den ich dennoch hasse! Ihr staunt? Das habt Ihr nicht erwartet. — Unterbrecht mich nicht. Ich könnte ihn töten, so hasse ich ihn, doch ohne ihn lebte ich vielleicht nicht mehr. Er ist ein guter Arzt, nur seiner Kraft allein verdanke ich mein Leben. Ich leb' durch ihn. Wenn es mich packt, rasende Schmerzen meinen Körper durchtoben: sein Wort, seine Hand bannen sie! Wenn wilde Gestalten, Fratzen und die Gespenster der Vergangenheit auftauchen, kann sie dein Schwert, Arvodo, nicht vernichten. Denn sie sind Schemen, nicht faßbar, unverwundbar durch die Waffe. So ist sein Wort allein nur mächtig, sie zu bannen. — Ich, der mächtige König dieser Welt, bin rettungslos in seinen Händen. Ich weiß, wonach er strebt. Die Hand Artayas will er, er hat es angedeutet, und mein Wille, der nur fest ist, wenn er nicht hier weilt, fängt an zu erlahmen.

— Noch widerstehe ich ihm, wer weiß wie lange? Du, — du sollst mich retten, Arvodo, hörst du, dein König, dein Herr, er bittet dich!"

Arevals Gesicht verzerrt sich in Angst. Er blickt Arvodo an, der starr vor Staunen atemlos den geflüsterten Worten lauscht.

„Artaya liebt dich, ich weiß es längst, du sollst ihr Gatte werden, du sollst den Thron nach mir erhalten! Du bist der Würdigste von allen den schmeichlerischen Kreaturen, die vor mir sich beugen. In dir will und werde ich die Kraft zurückgewinnen, die ich suche. Hahaha, sie sollen dann wieder vor mir zittern so wie früher, die Schurken, die mich jetzt verspotten und verlachen, weil ich krank und schwach geworden! Noch lebt in mir der Funke, den du zur Flamme entfachen wirst, du sollst der Arm sein, den mein Wille leitet."

Areval atmet schwer vor innerer Erregung, plötzlich starrt er in eine Ecke des Zimmers: „Sieh dort, dort, da wallt es wieder auf in schwarzem Nebel, Gesichter blicken hervor mit glühenden Augen. Ich kenne sie, das ist mein Bruder und Fedijah und andere, die mich verfluchten! Arvodo, schütze mich vor ihnen, sie kommen näher!" Angstvoll klammert sich Areval an den Feldherrn und sucht sich hinter ihm zu verbergen. Arvodo springt auf. Rasend schnell schossen die Gedanken durch seinen Kopf, als er die Lage erkannte, und seinem entschlossenen Charakter angemessen, sucht er Herr der Situation zu werden.

Er reißt sein Schwert aus der Scheide und spricht fest und laut: „Sieh, König Areval, so verjage ich in Nichts auch deine unsichtbaren Feinde!" Dann schlägt er wuchtige Lufthiebe nach der Ecke hin, wo der König die Gestalten gesehen, und freudig auflachend stellt er sich selbst in die äußerste Ecke. Zum König gewandt, ihm fest in die Augen blickend, das Schwert in die Scheide stoßend, ruft er aus: „Ich habe gesiegt, König

Areval! Zeige mir, wo noch ein Feind ist, damit ich ihn vernichte!" —

Arevals Antlitz zeigt Staunen und Bewunderung. „Ein Wunder, Arvodo, ein Wunder bist du!" Stammelnd flüstert er: „Er hat dieselbe Kraft wie Karmuno, die Geister fliehen vor seinem Schwert. Er wird mich schützen — schützen." Arevals Augen werden müde; wie nach jedem Anfall tritt auch jetzt bei ihm Schlafbedürfnis ein. Arvodo eilt näher und bettet den König auf sein Ruhelager. — Areval murmelt: „Gut so, gut. Morgen sehe ich dich wieder, hörst du, morgen!" Dann schläft er ein. —

Arvodo will sich zur Tür wenden, um den Dienern draußen Befehle zu geben, da wird seitwärts schnell der Vorhang zurückgezogen und Artaya eilt hervor. Glühend und strahlenden Auges steht das schöne Mädchen vor dem Feldherrn und sagt lächelnd: „Habt keine Sorge um den Vater, sein Schlaf wird ungestört bleiben, ich sorge dafür. Hat Arvodo keine Antwort auf meines Vaters Wunsch?"

Arvodo erwidert höflich: „Herrin, der König ist krank, morgen werde ich ihn gesünder sehen, dann werden seine Wünsche vielleicht andere sein."

Artaya sieht ihn unwillig an: „Gleichviel, ob sich seine Wünsche ändern, die meinen bleiben, und ich will dich!" Leidenschaftlich eilt sie auf Arvodo zu und wirft sich in seine Arme: „Hörst du, dich will ich, dich, du wirst mir nicht widerstehen!" Sie umschlingt Arvodo schnell und küßt ihn: „Jetzt bist du mein, mit diesem Kuß bin ich dir geweiht, verschmähst du mich, so fürchte meine Rache!" —

Schnell ist Artaya in das Nebengemach geschlüpft, den halb betäubten Arvodo zurücklassend. Es erklingen Stimmen von dort, und um den Kommenden auszuweichen, verläßt Arvodo schnell das Gemach und den Königspalast.

NACH DEN HÖHLEN DES WIRDU

Arvodo ist wie betäubt in seinem Palast angekommen. Mit erleichtertem Herzen hört er, daß sein Bruder das Haus verlassen habe. Es ist ihm wohltuend, jetzt nicht Rede stehen zu brauchen, er will allein sein und überlegen, was zu tun ist. In sein einsames Arbeitszimmer zurückgezogen, schaut er düster zu Boden, während die widerstreitendsten Empfindungen seine Brust durchziehen. Er sieht seinen Bruder im Geiste, der wie er weiß Artaya liebt, in den Banden der Eifersucht, wenn er ihm eröffnet, was er erfahren. Er sieht sich am Ziele, falls er Artaya und dem Wunsche des Königs nachgibt, die er beide verachtet. Das grinsende Gesicht des Oberpriesters Karmuno lächelt ihm zu, der selbst nach der Herrschaft strebt und durch die Priesterschaft im Lande einen gewaltigen Einfluß auf die Volksschichten ausübt. Glauben diese doch in ihm den Mann zu sehen, durch den die Gottheit ihren Willen dem Könige Areval kundgibt.

Arvodo fühlt sich nicht sicher genug für das Gelingen eines kühnen Handstreiches, doch nur zwischen diesem und dem neu sich eröffnenden Wege, Gatte Artayas zu werden, hat er zu wählen. Zu ersterem braucht er die unbedingte Gefolgschaft des Heeres. Wie sehr diese jedoch von den Mitteln abhängig ist, die er dem durch die Schätze Arevals verwöhnten Heere gewähren kann, ist ihm nur zu bekannt. Allerdings ist im Weltenreiche kein Name so beim Heer geachtet als der seine, doch diese Achtung allein nützt ihm nichts ohne eigene Schätze. Über die Hüter und Wächter der Schatzkammern in der Hauptstadt des Königs, sowie über die zahlreiche Besatzung derselben hat Arvodo keine

Amtsgewalt; nur Areval allein gebietet hier und Karmuno.

Arvodos Vermögen reicht bei weitem nicht aus, nur eine Tagung lang den Sold zu zahlen, den die Leibwache des Königs verbraucht, denn dieser ist dreifach höher als der aller anderen Soldaten im Reiche. Er schaudert vor dem Gedanken, Artayas Gatte zu sein, deren Schönheit ihn nicht blendet. Er wäre ihr nach den Gesetzen untertan, da er nicht königlichen Blutes ist. Sie würde stets seine Herrin bleiben und bald in den Armen eines Günstlings seiner vergessen. Eine Verbindung mit ihr wäre ihm sichere Vernichtung seiner heiligen Pflichten gegen das Geheimnis Mabans, das ihm anvertraut wurde von dem sterbenden Vater.

Vor Arvodos Auge taucht das Antlitz des Vaters auf. Er durchlebt nochmals, wie dessen erlöschender Blick auf ihm in der sicheren Hoffnung ruht, daß der Sohn ausführe, was ihm nicht gelungen. In sein Gedächtnis haben sich tief die Worte eingegraben, mit denen er dem Sterbenden das gewichtige Gelöbnis aussprach. Er ist fest gewillt, es zu halten. Arvodo springt auf, er ist entschlossen, den einmal betretenen Weg weiter zu wandeln. Die Mittel, zum Ziele zu gelangen, müssen sich ergeben.

Es ist inzwischen dunkler geworden. Arvodo geht zum Fenster und schlägt die Vorhänge zurück, so daß der warme Abendhauch durch das Zimmer streicht. Nach wenigen Augenblicken tritt ein Diener ins Zimmer und stellt eine metallene Säule auf den Tisch. Sie trägt eine glänzende Kugel, die helles und doch mildes Licht ausstrahlt, das das Zimmer in den dunklen Teilen scharf beleuchtet. Es ist eine Manga-Lampe, welche, ohne Flamme brennend, nur durch chemische Eigenschaften ein Licht ausstrahlen kann, stärker als alle unsere irdischen künstlichen Lichtquellen.

Der Diener meldet Arvodo, daß ein Mann den Feldherrn zu sprechen verlange, weil dieser ihn auf die Abendstunde herberufen hätte. Arvodo fällt die Begegnung mit dem Getreuen ein und kurz gibt er Befehl, den Wartenden zu ihm zu führen. Bald tritt Upal ein und bleibt ehrfürchtig an der Tür stehen. Den ihn begleitenden Diener schickt Arvodo fort mit dem Bedeuten, er solle sorgen, daß keine Störung eintrete. Fest sieht Arvodo auf den jetzt gutgekleideten Upal und sagt zu ihm:

„Du gabst mir das Zeichen der Getreuen, noch nie habe ich dich gesehen, lehre mich dich erkennen!"

Statt aller Antwort greift Upal in eine geheime Tasche seines Gewandes und überreicht dem Feldherrn einen verschlossenen Brief. Arvodo nimmt das Schreiben entgegen, öffnet und liest lange mit steigendem Erstaunen. Dann wendet er sich an Upal mit freundlichem Tone:

„Durch dieses Schreiben habe ich dich wahrhaft als zum Bunde der Getreuen gehörend erkannt! Einen besseren Fürsprecher als den Schreiber dieses Briefes konntest du nicht haben. Ich glaube dir. Ich weiß nunmehr, daß ich dir vertrauen kann, doch erzähle mir von dem, was nach dem Briefe du nur mir allein mitteilen willst." —

Upal holt tief Atem und beginnt seine Lebensgeschichte zu erzählen. Er schildert, wie seine verschwundene Schwester von Areval entführt und von Muhareb wieder befreit wurde. Er gesteht seinen glühenden Haß gegen den König, der nach dem Verschwinden Muharebs gegen seine Familie den ganzen Zorn entflammen ließ und nicht eher ruhte, bis sie in die höchste Armut gestoßen worden; wie der Vater nur dadurch der Verfolgung Arevals entging, daß er sich dem Tempeldienste in der niedrigsten Stufe der Diener widmete. Als Kranker ward er jedoch auch dort entlassen und brotlos. Alt und schwach geworden, lebte er nur durch kärgliche Unterstützung Upals und einiger mitleidiger Freunde, die ihm aus besserer Zeit geblieben. Upal schildert nun lebhaft, wie er Sklave des Königs in den Höhlen des Wirdu geworden, weil er die Abgaben nicht mehr erschwingen konnte, und wie er dort den Orostein gefunden, der ihn reich gemacht. —

„Hat Areval dich nicht erkannt als Bruder Fedijahs, als du ihm Bericht gegeben über deinen Fund?“ fragt Arvodo.

„Herr, ich habe den König nicht gesehen, Karmuno hörte meinen Bericht, der König war krank! Auch sind der Jahre viele hingegangen, seit er mich zuletzt gesehen; mein Name ist geändert, Areval weiß nicht, wer Upal ist. Es ist die Aufgabe meines Lebens, mich vor ihm zu verbergen, um ihn zu vernichten. Darum ward ich lange schon ein Glied im Bunde der Getreuen. Ihn zu verderben gilt mir alles, und du, Herr, wirst auch meine Schwester, mein Haus an dem Verruchten rächen.“

Upal ist vor Arvodo niedergesunken und beugt als Zeichen seiner unlösbaren Ergebung vor ihm tief den Nacken. Arvodo tritt zu ihm und legt seine Hand auf dessen Haupt. „Du beugst dich mir! Wohlan. Ich nehme das Opfer an, Upal. So sei nunmehr der meine, mir verbunden bis in den Tod!“

Upal ergreift die Hände des Feldherrn und flüstert mit erstickter Stimme: „Dank, Herr, daß du mich angenommen! Doch der Sklave kann sich schon jetzt dankbar erweisen, und beim Schodufaleb, Herr, ich will es!“

Upal erzählt nun dem in immer größeres Staunen geratenden Feldherrn, was er in den Höhlen des Wirdu entdeckt. Daß die ungeheuren Schätze zu heben gar nicht so schwer sei. Daß er ihm den Weg zeigen könne und daß es Arvodo leicht sein müsse, mit den ihm zu Gebote stehenden Mitteln heimlich ein ungeheures Vermögen, größer als das des Königs, zu sammeln. Er erzählt ihm, wie er mittels des Flugapparates bei günstigem Winde unermüdlich geforscht habe, bis er den gewaltigen Felsenspalt gefunden, der tief bis in das Innere der Höhlen reicht. Wie er es dann gewagt habe, sich mit dem Apparat hinabzulassen und gewaltige Entdeckungen gemacht habe.

Fast entsetzt blickt Arvodo auf Upal: „Du hast es gewagt, dich in die Lüfte zu erheben? Wahrlich, wenige sind es in Mallona, die so kühn sind, die Flugschiffe zu besteigen. Wir fürchten das unsichere Element der Luft und auch des Wassers."

Lächelnd meint Upal: „Es ist nicht so gefahrvoll, als das Volk und die Großen meinen: mir begegneten keine hemmenden Dämonen, das Flugschiff zu zertrümmern. Groß war der Geist des Meisters *Mirto,* der das Mittel fand, den Äther zu zwingen, doch zu klein ist der des Volkes, um zu würdigen, was er uns gab. Doch wohl uns, Herr, daß dem so ist, wie würdest du sonst die Schätze heben."

Kalt und ruhig steht Arvodo da, dann sagt er plötzlich: „Ich will die Schätze sehen. Bist du bereit, sie mir zu zeigen, mich in dem Flugwagen hinabzuführen?"

Erfreut ruft Upal: „Herr ich wußte, daß du dich mir anvertrauen würdest, nur du allein noch wagst entschlossen das, was außer mir keiner jemals ausgeführt. Befiehl, ich bin bereit."

„Wo ist dein Flugwagen?" —

„Er liegt wohlgeborgen in unzugänglicher Gegend an einem nur mir bekannten Orte. Leicht gelangt man im Wagen bis nahe dorthin."

„Wie lange brauchst du Zeit, uns zurückzuführen?"

„Herr, es wäre gut, wolltest du zwei Tagungen dafür opfern, denn nur nachts können wir ungesehen den Weg zurücklegen." —

„Bereite alles zur Fahrt morgen Abend. Erwarte

mich am großen See, dort, wo die Straße seinen Ufern am nächsten läuft. Ich werde kommen, sobald die Sonne sinkt. Jetzt geh, die Fahrt ist weit, die wir zurückzulegen haben. Was ich noch zu fragen habe, verspare ich auf morgen." —

Upal grüßt schweigend mit innigem Blick und geht. Arvodo bleibt tief in Gedanken zurück, kühn blitzen seine Augen, seine Lippen lispeln: „Am Ziele wäre ich fast, wenn es völlig wahr ist, was dieser Mann mir sagte."

*

Es ist sternenhelle Nacht. Im Westen schimmert noch der leuchtende Glanz der untergegangenen Sonne, balsamisch haucht ein warmer Abendwind über die Fluren. Am Himmel erglänzen als ein wunderbarer Anblick im Zenit und am Horizonte zwei Monde. Sie zeigen verschiedene Phasen. Im Laufe der Nacht wird auch der dritte Mond noch aufgehen als hell beleuchtete Scheibe. Doch diese Monde sind kleiner als der eine unserer Erde. Sie geben zusammen noch nicht die Helligkeit, die unser Mond der Erde spendet. Im Osten in der Ferne liegt die Stadt, umgeben nach der Südseite von Wäldern und Wiesen, die Nordseite beherrscht von der stolzen Königsburg.

Am Horizont erheben sich hohe Berge, verschwimmend im tiefen Blau der Nacht. Ein breiter See dehnt sich zwischen einer Hügelkette und der Stadt, seine klare Flut ist unbewegt wie ein Spiegel. Ein breiter Weg führt an seinem Ufer entlang von der Stadt her. Es ist die Landstraße, welche die Hauptstadt Arevals mit der nächsten bedeutenderen Stadt seines Reiches verbindet. Sie läuft neben der früher geschilderten Staatsstraße, auf der die Schätze aus der Kratergegend herbeigeschafft werden.

Erhabene Ruhe ist über die ganze Landschaft gebreitet, auf die hellschimmernd die leuchtenden Sterne des Firmamentes niederblicken. Dicht am See befindet sich ein hohes Gebüsch von blühenden Sträuchern, die ihre Zweige bis zur Erde senken. Im Schatten derselben ruht Upal versteckt, nur den Kopf zeitweilig erhebend und aufmerksam die Straße entlang blickend, ob Arvodo naht. Bereits ist die Stunde vorüber, die der Feldherr ihm angegeben, und ängstliche Zweifel, ob Hindernisse sein Kommen unmöglich machen, durchziehen seine Seele.

Da erscheint auf der Landstraße unten ein schwarzer Punkt und kommt rasch näher. Es ist einer der schnellfahrenden Wagen, deren sich Mallonas Bewohner bedienen. Nun weiß Upal, daß sein Warten nicht vergebens gewesen. Er springt auf und stellt sich so, daß der Besitzer des Wagens, der sich rasend schnell nähert, ihn bemerken muß. Der Wagen fährt langsamer. Upal erkennt den in einen dunklen Mantel gehüllten Arvodo und einen Diener, den Leiter des Gefährtes. Der Wagen hält, Arvodo grüßt den Wartenden und befiehlt ihm, sich zu ihm zu setzen. Upal steigt ein und schnell fliegt, wie von unsichtbarer Gewalt getrieben, das Gefährt wieder die Straße entlang.

Arvodo verhält sich schweigend. Er bedeutet Upal, daß er in Gegenwart des Dieners nicht sprechen wolle, der ihm zwar treu ergeben, dennoch über Ziel und Zweck der Fahrt nicht unterrichtet zu sein brauche. Upal hat Arvodo leise bekannt gegeben, wie weit sie fahren müssen. Der Diener erhält von dem Feldherrn die nötigen Befehle und nun stürmt das Gefährt seinem Ziele zu.

Stunden sind nach unserer Zeitrechnung vergangen. Da hält der Wagen zwischen hohen Bergen. Der Weg führt hier durch ein liebliches Tal, an dessen Ende sich eine Ebene zeigt und eine Anzahl Häuser. Es ist eine Ortschaft namens *Resma,* die erste bedeutendere Station an der Landstraße. Upal und Arvodo steigen aus, letzterer gibt seinem Diener den Befehl, ihn in Resma nach einiger Zeit zu erwarten und sich genau so zu verhalten, wie sein Herr ihm vor der Abfahrt schon gesagt.

Das Gefährt entschwindet auf der Straße. Upal schreitet voran, links von der Straße in den nahen Wald abbiegend, Arvodo folgt. Upal nimmt seinen Weg auf kaum sichtbaren Fußpfaden, die sich unter den Bäumen hinziehen. Er sieht umher, ob Menschen in der Nähe sind. Sodann nimmt er aus seinem Gewande einen starken Stab, hebt dessen Hülle empor und helles Licht strahlt von dieser Mangafackel, die Wege und Umgegend des Waldes hell erleuchtend. Bald befinden sich beide zwischen Felstrümmern, Upal sagt:

„Herr, die Maschine liegt oben auf der Höhe verborgen. Niemand kann sie finden, doch der Weg ist sehr beschwerlich. Von hier aus geht ein Weg zur Ebene diesen Felsenweg entlang. Geht ihr diesen, so kann ich Euch später von der Ebene abholen mit dem Flugschiff. Im anderen Falle müßt Ihr mit mir diese Felsen besteigen."

Arvodo sagt kurz: „Gehe voran, ich fürchte keine Beschwerden und folge dir."

Upal nickt und wendet sich dem Fuße eines dicht bewachsenen Berges zu, dessen zerrissene Felsenwände drohend in die Nacht starren.

Mit den Händen sich oftmals haltend, über Baumwurzeln, durch Gestrüpp und zwischen getürmten Felsen geht der ungebahnte Weg zur Höhe des Berges. Upal hilft dem Gefährten, beleuchtet die Stellen, wohin er sicher den Fuß setzen kann, und schließlich ist der Gipfel erreicht. Es ist ein kahler Felsen, der die Gegend beherrscht und eine herrliche Aussicht bietet links in das Tal, rechts auf ein massiges Gebirge, hinter dem sich das vulkanische Gebiet anschließen muß, das Reiseziel der kühnen Männer.

Der Scheitel des Felsens ist breit und zerrissen. Die Felsen bilden ein Gewirr, als hätte eine wilde Kraft sie durcheinander geworfen. „Tretet zur Seite“, sagt Upal, „hier steht Ihr sicher, ich muß die Höhle öffnen!“ Er weist auf einen freien Platz vor einem gewaltigen Haufen übereinander getürmter Felsblöcke und gibt dem Feldherrn für sein beabsichtigtes Tun den sichersten Standpunkt.

„Ist hier das Flugschiff?“ fragt Arvodo.

„Hier hinter jenem Felsblock in der Höhle, die ich entdeckte!“ —

„Wie willst du ihn entfernen?“ —

„Mit Nimah!“

„Du besitzest das?“ fragt Arvodo erstaunt.

„Ja, Herr, doch nicht in seiner ganzen Stärke.“

„So öffne die Höhle.“

Upal geht auf die Felsen zu, wälzt mühevoll einige größere Blöcke fort, so daß eine Lücke entsteht; durch diese schlüpft er, die Mangafackel mit sich nehmend. Längere Zeit gibt es keinen Laut. Plötzlich bewegt sich ein mächtiger Felsblock und rollt einige Schritte von der übrigen Wand ab. Eine große Öffnung ist entstanden, die, von dem Block verdeckt, den Eingang zu einer weiten Höhlung bildet. Darin steht Upal vor einer fremdartigen Maschine, Arvodo heranwinkend. Dieser naht, nimmt die Mangafackel in die Hand und betrachtet mit Staunen das ruhende Luftschiff. Die Teile desselben sind auseinander genommen. Upal trägt diese auf den freien Platz vor der Höhle und fügt sie rasch und sicher aneinander.

Die Maschine stellt sich jetzt dar als ein festes Gestell, das unten eine Art Gondel umschließt, die den Erdboden nicht berührt. Oberhalb deckt ein großes drehbares Flügelrad die Reisenden. An der Seite befinden sich zwei Flügelräder, deren Drehungen gerade abgemessen sind mit denen des Steigrades; sie verhindern, daß sich die Gondel wirbelnd wie dieses dreht. Diese Seitenräder bewirken die Fortbewegung in Verbindung mit einem dritten Rad im Rücken der Gondel. Am Boden der Gondel sind starke elastische Federn angebracht, um den Stoß beim Niedersetzen aufzufangen. Die ganze Maschine ist aus einem festen, leichten Metall angefertigt, doch sieht man nicht das eigentliche treibende Werk, das die Flugräder drehen muß. Dieses ist in dem doppelten Boden und den Seitenwänden verdeckt angebracht.

Upal hat ein Gefäß aus der Höhle entnommen und schüttet ein weißliches Pulver in eine Öffnung an der Seite der Gondel.

„Sieh dich vor mit genügender Treibkraft!“ erinnert Arvodo. —

„Seid unbesorgt, Herr“, ist die Antwort, „das Mitgenommene genügt für eine doppelt so weite Reise hin und zurück!“

Verschiedene Gegenstände, deren Gebrauch uns unbekannt, legt Upal in die Gondel, dann steigt er ein und fordert Arvodo auf, das gleiche zu tun. Beide setzen sich nieder. Einige Griffe Upals und das obere Flügelrad fängt an, sich um die Achse zu drehen, erst langsam, dann rasend schnell. Es ertönt ein leiser, tiefsummender Ton, der allmählich an Höhe zunimmt, erzeugt durch die ungeheuer schnelle Drehung. Upal hat die Hand an einem Griff, der die Schnelligkeit der Umdrehungen reguliert.

In dem Augenblick, als das Luftschiff sich hebt, setzen auch die seitlichen Räder mit Drehungen ein. Es gibt einen kurzen Ruck und jetzt erhebt sich das Flugschiff leicht und sicher mit seinen Insassen und steigt in die klare Nachtluft. Der summende Ton ist gleichmäßig, die Geschwindigkeit daher geregelt. Upal setzt das Flügelrad an der Rückseite in Bewegung und nun nimmt das Luftschiff schnell seinen Flug vorwärts.

Vorn an der Gondel befindet sich ein beweglicher Metallvorsprung, aussehend wie ein Schiffssteuer; es ist das Steuer der Maschine. Das Luftschiff wird durch das obere Flügelrad gehoben, durch die seitlichen Räder unbeweglich gehalten und durch diese nebst dem dritten Rad nach der gewünschten Richtung getrieben. Alles arbeitet mit unheimlicher Geschwindigkeit, wie an dem starken Luftzug zu merken ist. Auch das Steuer, auf das der Widerstand der Luft wirkt, lenkt sicher.

Durch drei Umstände ist auf Mallona diese Erfindung möglich geworden. Die Atmosphäre ist erstens dichter und ruhiger, nicht so von Stürmen gepeitscht wie auf der Erde, infolgedessen auch tragfähiger. Zweitens ist die treibende Kraft der chemische Stoff *Nimah,* das berüchtigte Explosionsmittel Mabans. Ähnlich unserem Dynamit kann es unvermengt kolossale Kraft nach einer Richtung ausüben, ist jedoch mit anderen Stoffen gemischt nicht explosiv, sondern regelbar, so daß er in seiner Wirkung dem denkbar stärksten Dampfdruck ähnlich erscheint. Dieser Stoff wird in unschädlicher Form in Staatsfabriken hergestellt und verkauft. Er dient unter dem Namen *Maha* zur Fortbewegung aller Wagen und auch zum Antrieb der in den Wänden der Gondel verdeckten Maschinerie. Drittens verfügt man in Mallona über eine höchst feste, widerstandsfähige und leichte Metallmischung, die alle Eigenschaften des Stahls und Aluminiums in idealstem Maße in sich trägt, daher auch die notwendige gewaltige Kraftentwicklung der Flugräder zu leisten imstande ist.

Es ist ein herrlicher Anblick für Arvodo, der durch eine haubenartige Erhöhung der Gondelränder vor dem starken Luftzug geschützt zum erstenmal über die Berge, Wälder und Klüfte der erhabenen Gebirgswelt schwebt. Er ist keines Wortes mächtig; Upal ist ganz mit der Lenkung des Flugschiffes beschäftigt, so daß die von Arvodo während der Fahrt beabsichtigte Aussprache unterbleibt.

Die kühnen Männer schweben in solcher Höhe, daß das Auge der unten lebenden Bewohner sie am nächtlichen Himmel nicht entdecken kann. Bald sehen sie auch bewohnte Stätten nicht mehr unter sich. Am Horizont rötet sich leicht der Himmel, die Kratergegend naht, das Ziel der Reise. Upal steigt höher. Gilt es doch, aus jeglichem Bereich der giftigen Dünste zu kommen, die von dort aufsteigen und jedes atmende Wesen töten müßten. Mit gespannter Aufmerksamkeit läßt Upal das Luftschiff gemäßigten Fluges dahingleiten. Unten zeigen sich die unergründlichen Tiefen erloschener Vulkane, starre Schlackenberge, erstarrte Lavamassen. Jene Gegend, in der die Sklaven des Königs arbeiten, ist im weiten Bogen umflogen worden aus Vorsicht vor allzu aufmerksamen Augen. Jetzt muß dieser Bogen bis zu einem Halbkreis ausgedehnt werden, um den Krater zu finden, der in die Höhlen des Wirdu führt.

Kurze Zeit und Upal hemmt die Bewegung der rückwärtigen Schraube gänzlich. Er zieht das vordere Steuer ein, so daß es sich an die Seite der Gondel legt. Jetzt reguliert er auch die seitlichen Räder und unbeweglich schwebt das Flugschiff über einem fürchterlichen Kessel, dessen Tiefe schwarz entgegengähnt. Leise flüstert Upal: „Wir sind zur Stelle, dort ist der Eingang."

Arvodo blickt schaudernd hinab. Sein tapferes Herz schlägt schneller, als er den Schlund unter sich sieht. Fest preßt er die Lippen aufeinander und sagt kurz: „Hinab, Allvater schütze uns!" Der summende Ton des Flugrades wird tiefer, als Upal den regulierenden Griff vorsichtig dreht, und langsam fällt das Flugschiff senkrecht der Krateröffnung zu. Der schauerliche Schlund scheint sich wie ein hungriges Untier mit offenem Rachen auf seine Opfer zu stürzen, die zerrissenen Felsen treten immer deutlicher hervor. Da flammt es taghell an den Seiten der Gondel auf. Upal hat die Hüllen der dort befestigten Mangafackeln entfernt und gleich einem Meteor versinkt das Flugschiff in die unergründlichen Tiefen des Kraters.

DIE HÖHLEN DES WIRDU

Welch ein mächtiger, nie gesehener Anblick einstigen Wirkens nunmehr erstarrter Kräfte bietet sich dar. Arvodo ist überwältigt von der Majestät der schaffenden Natur, die sich ihm offenbart. Wild zerrissene Lavablöcke, schwarz ausgebrannt und genäßt von dem fallenden Tau, umgeben ihn drohend. Glitzernd fällt das Licht der Mangaleuchten auf die phantastischen Gebilde der Lavafelsen. Oft erscheinen diese als furchtbare, schreckenerregende Ungeheuer, starrend aus der Tiefe. Dann als Phantome von Riesen, die das langsam sinkende Flugschiff umgeben und, Gefühl und Auge täuschend, ihre Gestalten oftmals wandeln und nach oben schweben, wo sie verschwinden.

Auf Upal übt jedoch dieses Schauspiel keine Wirkung aus. Er kennt bereits die unschädlichen Schrecken dieser Umgebung, senkt er sich doch nicht zum erstenmal in diesen fürchterlichen Kessel. Mit sicherer Hand lenkt er das Schiff und regelt die Umdrehungen des Flugrades, dessen summender Ton an den Wölbungen dumpf und schauerlich widerhallt. Der Krater erweitert sich nach unten, er nimmt eine etwas seitliche Richtung an. Upal läßt daher die steuernde Rückenschraube ebenfalls langsam wirken, um die Felsen zu meiden, die unter ihm den Eingang zu verwehren scheinen.

Immer tiefer sinkt das Schiff. Upal regelt das Flugrad so, daß die Maschine unbeweglich und ruhig frei schwebt. Er weist nach links und wirft das volle Licht der Mangafackel auf die Felsen. Arvodo sieht eine weite Höhlung. „Herr“, erklärt Upal, „hier ist die Stelle, über die ich kletterte, um die erste Höhle der Schätze zu finden. Dort stand ich einst am Rande des

Abgrundes, über den wir schweben, und sah den Eingang zum Krater nur als schwachen Lichtspalt über mir. Wäre es Tag, so würdet ihr das Sonnenlicht von hier aus schimmern sehen. Später erst wurde es mir klar, daß es möglich sein müsse, von oben her an diese Stellen zu gelangen, wie ich jetzt gezeigt. Doch unmöglich ist es ohne Flugschiff. Jetzt achtet auf, Herr, Usgloms erste Schatzkammer öffnet sich."

Gespannt blickt Arvodo auf die Felswand, während das Flugschiff wieder sinkt. Ein Spalt öffnet sich, erweitert sich zur Höhle und nun fällt das volle Licht der Mangafackel auf jene Stätte, die Upal seinem Vater schon beschrieb.

Einen lauten Ruf des Staunens stößt Arvodo aus. Ja, hier liegen die so viel gesuchten Schätze aufgehäuft und warten nur der Hand, die sie mühelos sammelt. „Areval, du wirst besiegt!", lispelt Arvodo leise. „Ich möchte diese Höhle betreten, Upal, kannst du das Schiff dahin leiten?"

„Herr, verzichtet darauf, tiefer liegen noch andere Schätze, nicht minder reich als diese, doch bequem zu erreichen. Diese hier entziehen sich noch unserem Besitz. Es wäre gefährlich, das Schiff zu nahe an die Felsen zu bringen." —

„Gut, ich folge dir, zeige mir die Stätten!"

Wieder sinkt das Flugschiff, leises Wasserrauschen klingt aus der Tiefe. Aufmerksam hebt Arvodo den Kopf und sieht Upal fragend an. Dieser erklärt: „Es ist das Meer, das unten rauscht und zur Flutzeit brausend eindringt. Jetzt strömt es nur noch kurze Zeit dem großen Becken im Inneren wieder zu, aus dem es Usglom einst vertrieben hat."

Festen Boden beleuchteten jetzt die Mangafackeln, dem das Flugschiff zustrebt. Ein leiser Stoß und sicher steht es auf dem Grunde des Kraters, der sich als riesige Halle über die Kühnen wölbt. Ringsum verliert sich der Blick in tiefste Finsternis. Das Licht der Fackeln ist nicht imstande, die begrenzenden Felsenwände zu erreichen. Upal hemmt die Bewegung des Flugrades gänzlich. Nur dumpfes Wasserbrausen, das an den Wölbungen dieses gewaltigen Naturdomes in vielfachem Echo widerhallt, stört die Stille dieses Grabes alles Lebens. Unwillkürlich schaudert Arvodo, als Upal ihn aufmuntert, die Gondel zu verlassen und ihm zu folgen. Ist doch dieses Gefährt das einzige Mittel, dem hier lauernden Tode zu entfliehen. Besorgt hört er auf den brausenden Ton des Wassers.

„Ist das Gefährt hier sicher?“ fragt er.

„Ganz sicher! Tief unten und weit von hier strömt das Wasser einem unterirdischen Seebecken zu, das die Flut stets füllt. Wir sind hier fast so tief als derMeeresstrand, doch noch immer höher, als daß eine große Flut diese Stätte je erreichen könnte. Vertraut mir, Herr, würde ich nicht alles ausgemessen und berechnet haben, wie hätte ich es dann gewagt, Euch Usgloms Reich zu zeigen!“ —

Arvodo nickt, ergreift eine der Mangafackeln und gebietet Upal, ihm den weiteren Weg zu zeigen. Upal gehorcht und schreitet auf dem ebenen Boden weiter. Man sieht, daß das Wasser ihn einstens ausgewaschen und geglättet hat. Ein riesiger Kampf der Elemente Feuer und Wasser muß zu ungunsten Plutos hier vor langen Zeiten stattgefunden haben, überall sind die Spuren.

Upal weist oftmals auf in das Gestein gehauene Zeichen, die er zur Kennzeichnung des Weges eingegraben hatte. Sie führen nach einer Seitenwand des erstarrten Vulkans, die jetzt in den Bereich des Lichtes tritt. Rasch schreitet Upal über den körnigen Sand, den einstens die Meereswogen hineingepeitscht, untersucht aufmerksam die ungeheuren Risse des Gesteins und bleibt vor einer engeren Spalte stehen. Er tritt mit Arvodo in diese hinein.

Nach wenigen Schritten erweitert sich die Spalte zu einer blendenden Höhle, wie die Männer eine solche bereits in der Höhe gesehen. Unendliche Schätze sind hier hervorgebracht. Funkelnde Kristalle allüberall, in denen sich das Licht der Mangafackeln bricht, das weiße Rod blickt auch hier aus dem Fels nebst dem kostbaren Orostein hervor.

Arvodo ist überwältigt, er traut seinen Augen nicht. Er betastet die kostbaren Steine, schlägt mit dem Griffe seines Schwertes einige von den Felsen los und zeigt eine Aufregung, wie sie der willensstarke Mann wohl noch nie empfunden. Endlich findet er Worte des Dankes für Upal. Tief blickt sein Auge in das seine und er sagt: „Du bist der Getreueste der Getreuen, du sollst bald erfahren, wie ich dir zu danken weiß durch die Tat!“

Upal beugt sich tief vor ihm und im Tone wahrer Ergebenheit flüstert er: „Herr, räche meine Schwester an Areval! Mir sind diese Schätze nichts, Wiedervergeltung ist mir alles!“ Arvodo nickt stumm, er versteht Upal. Dann fragt er:

„Kennst du noch mehrere solcher Höhlen?“

„So reich wie diese nicht, doch finden sich noch viele kleinere. Möglich ist, daß mir noch unbekannte vorhanden sind. Nicht alle Gänge hier unten habe ich durchforscht.“ —

„Zeige mir auch die andern, die dir bekannt sind!“

Upal tritt durch den Spalt wieder auf den früheren Weg. Der Felsenwand entlang öffnen sich oft kleinere Höhlungen, in die er hineinleuchtet. Überall tritt darin das weiße Rod hervor, oder kostbare Kristalle zeigen sich an dem Gestein: eine Schatzkammer, die unermeßliche Werte in sich birgt. Die Felsen entlang gehend, müssen sie jetzt im Bogen fast rechtwinkelig abbiegen; die kühnen Eindringlinge sind an der inneren Rundung des einstigen Kraters angelangt.

„Herr, weiter bin ich nie gekommen, laßt uns zurückgehen", mahnt Upal.

Arvodo, dessen Unternehmungslust sich stark gesteigert hat, meint: „Wir haben Zeit, laß uns weitergehen. Vielleicht entdecken wir noch mehr, so günstige Gelegenheit muß ausgebeutet werden. Den Weg zurück können wir nicht verfehlen!"

„Wie du befiehlst, Herr!"

Vorsichtig schreiten beide Männer weiter. Der Boden ist nicht mehr so eben, Steine und Gerölle bedecken ihn. Totenstille umgibt sie, das Brausen des Wassers ist ganz verstummt. Das Meer treibt seine Wellen zur Ebbezeit, die um diese Stunde eintritt, nicht in den Kessel. Jetzt öffnet sich in der Seite der Felsen ein weiter Gang, dessen Ende unabsehbar ist. Arvodo hebt die Leuchte, schreitet hinein und sieht, daß er gangbar ist. Weißer, mit Muscheln durchsetzter Sand bedeckt den Boden.

„Durch diesen Gang flutete einst das Meer, sollte er hinaus bis zu diesem führen?"

Upal sieht erstaunt umher. „Herr, Ihr habt recht, Muscheln sind vorhanden. Hier seitwärts fällt der Weg zur Tiefe. Dorthin nahmen einst die Meeresfluten ihren Lauf, sie kamen aus diesem Gang!"

Arvodo betrachtet nachdenklich die Höhlung: „Upal, wir müssen wissen, wohin dieser Weg führt. Kann man auf ihm zum Meer gelangen, so wird es uns ein leichtes sein, heimlich die Schätze zu bergen. Aber auch vor Entdeckung müssen wir uns sichern. Unkenntnis über einen Zugang in das Innere könnte uns verderben!" — Upal bejaht diese Ansicht des Feldherrn und beide wenden sich entschlossen der unbekannten Höhlung zu.

Es ist ein weiter tunnelartiger Raum, den sie betreten. Deutlich erkennt man an dessen Wänden die Wirkungen des Wassers, das einstens mit großer Kraft eindringend die Wände abgeschliffen hat. Das Gehen ist auf dem weichen Meeressande leicht. Die beiden Männer schreiten lange vorwärts. Kein Ende zeigt der gewundene, sich manchmal stark erweiternde Gang, den Felsblöcke nicht versperren und dessen Entstehung ihnen rätselhaft erscheint.

Endlich erweitert sich der Gang zu einer weiten Höhle, jäh hört der Weg auf und ein Chaos von Felsblöcken liegt vor ihnen. Über diese müssen sie hinabsteigen, falls sie die Tiefe gewinnen wollen, die sich jetzt vor ihnen ausdehnt. Einen Augenblick schwanken sie, ob weiter oder zurück. Beide wissen jedoch, daß der Wunsch, Klarheit zu gewinnen, sie unbedingt weiterführen muß. Nicht ungefährlich ist der Abstieg, doch wird er vollbracht, bedeutend ist die Höhe, von der sie hinabsteigen.

Sie befinden sich jetzt auf dem Grunde eines unterirdischen Seebeckens, das nunmehr ausgetrocknet ist. Phantastisch hohe Felsformationen lassen nicht erkennen, wohin sie sich wenden müssen, um die einstige Eingangsstelle des Wassers zu finden. Tiefer Sand deckt den Boden, aus dem hohe Felsblöcke sich erheben. Ungeheure Muscheln, die einstigen Wohnhäuser der Meeresbewohner, finden sich eingeklemmt zwischen Klippen, unzählige kleinere liegen überall zerstreut. Als sie weiterschreiten, finden sie Skelette großer Wassertiere, die einstens den See bewohnt. Jahrtausende mögen vergangen sein, als sie die Fluten belebten.

Staunend blicken die Männer umher, ratlos wohin sie sich begeben, hemmt doch das Felsenchaos den Überblick. Plötzlich zittert ein leiser klagender Ton durch die Todesstille dieses Ortes, dann noch einer. Die Töne reihen sich aneinander zu einer Melodie, die anscheinend in weiter Ferne ertönt. Unwillkürlich hat Arvodo zum Schwerte gegriffen, Upal hält die leuchtenden Fackeln zur Erde gesenkt und vorgestreckten Kopfes lauschen beide Männer den leisen Tönen.

Upal findet zuerst Worte des Erstaunens: „Singt Muaga, die Tochter Usgloms, um uns zu warnen?“

Arvodo erwidert finster: „Nicht Muaga, noch Usglom sind es, ich verachte beide. Aber ein Mensch singt die Totenklage des Königshauses. Wir müssen wissen, wer es ist. Senke die Fackeln, damit sie nur den Weg erleuchten, und nun dem Schall der Stimme nach!“

Es ist nicht leicht, die Richtung zu finden. In diesem Felsendome täuschen die Echos. Arvodo jedoch hat ein feines Ohr, er findet den rechten Weg trotz aller Hindernisse. Hinter den Felsen, die sie umgehen müssen, tönt die klagende Stimme lauter und voller, ein Zeichen, daß sie sich ihr nähern.

Nun stehen sie am jenseitigen steilen Ufer des einstigen Seebeckens, klar tönt der Gesang von der Höhe herab. Vorsichtig über Felsblöcke kriechend, klettern die Männer empor. Täuschen sie sich? Dort schimmert Licht! Schnell überdecken sie die Mangafackeln mit den schützenden Hüllen; undurchdringliche Finsternis umgibt sie. Bald hat sich das Auge daran gewöhnt und sie sehen hellen Lichtschein über sich leuchten.

Vorsichtig gleich Katzen schleichen die Männer weiter. Arvodo trägt das Schwert griffbereit unter dem Arm. Deutlich hören sie jetzt den Gesang zweier Stimmen. Sie verstehen die Worte, es ist die Klage über einen Toten, die nur den Mitgliedern des Königshauses gesungen wird und deren letzter Vers verhallt. Er lautet:

„Geliebt im Leben kann der Tod nicht trennen,
Denn deine Seele lebt durch ihre Taten,
Die ruhmesvoll und herrlich allen leuchten.
Geh ein zum Vater alles Seins; die Liebe
Sie hütet dich und wird uns einst vereinen!“

Während dieses Gesanges sind die beiden Männer bis zum Rande emporgeklettert und blicken auf eine ergreifende Gruppe.

In einer Felsengrotte liegt erhöht der ausgestreckte Leichnam einer wunderbar schönen Frau, gekleidet in ein lichtblaues Gewand. Die Grotte ist von schillernden Kristallen erfüllt wie die bereits von Arvodo geschauten. Der Eingang ist von brennenden Lampen umhangen, die helles Licht auf die nächste Umgebung werfen. Zu Häupten der Leiche steht die ehrfurchtgebietende Gestalt des Einsiedlers vom Meere; zu den Füßen der junge Mann, den er Mureval geheißen. Beide hatten den Totengesang ertönen lassen, dessen Klänge Arvodo und Upal geleiteten.

Als Upal die Gruppe erschaut, die nur etwa zwanzig Schritte entfernt sich den erstaunten Blicken darbietet, erstarrt sein Anlitz in namenlosem Schrecken. Arvodo bemerkt es und flüstert dem regungslosen Gefährten zu: „Kennst du diese Menschen?“ Da tönt ein gellender Schrei aus dessen Munde. Ehe Arvodo es hindern kann, springt Upal empor und mit dem Rufe: „Fedijah, Schwester!“ stürzt er auf die schöne Leiche zu.

Er will sie umarmen, seine Hand faßt kalten Stein. Der Frauenleichnam, den einstens warmes Leben durchströmte, ist zu Marmor erstarrt, versteint durch die mumifizierenden Dünste dieser Höhle. Verwirrt sieht er empor in das Antlitz des ehrwürdigen Alten, dessen Blicke durchdringend auf dem Eindringling ruhen und mit dem lauten Ausruf: „Muhareb, mein König!“ sinkt er bewußtlos in die Arme des herbeigeeilten Jünglings Mureval.

Als Arvodo sah, daß er den Gefährten nicht hindern konnte, ist er ebenfalls auf den Uferrand getreten. Er hört die Ausrufe Upals und sieht staunend auf die edle Greisengestalt.

Dieser also ist der langgesuchte, der verschwundene rechtmäßige König, der Bruder Arevals? Er vermag es nicht zu fassen. Irrend schweift sein Auge umher, auf die seltsame Umgebung, die schöne versteinerte Leiche, den majestätischen Alten, den bewußtlosen Upal. Er ist verwirrt und vermag keinen festen Entschluß zu fassen.

Ruhig tönt plötzlich die Stimme des Greises an sein Ohr. Zwingend hört er den Befehl, ihm zu folgen. Der Alte hat die Upal entfallene Mangafackel gefaßt. Ein Griff und sämtliche Lampen in der Grotte, die die Leiche birgt, verlöschen. Sodann gibt er dem Jüngling einen Wink. Beide erfassen den bewußtlosen Upal, heben ihn auf und schreiten schnell einer dunklen Höhlung zu, der Fortsetzung jenes Ganges, den Arvodo und Upal aufzufinden unternommen hatten.

Durch einen Tunnel geht schnellen Schrittes der schweigende Zug. Plötzlich leuchtet schwaches Licht in der Ferne. Noch eine kurze Strecke und es weht frische Luft entgegen, gewürzt vom Meeresdunst. Nun weitet sich der abwärts fallende Gang schnell. Die Höhle verwandelt sich zur engen Schlucht, in die aus der Höhe leuchtende Sterne hinabblicken. Vor ihnen breitet sich das Meer aus, dessen Horizont umsäumt ist von leuchtendem Rot, dem ersten Morgengruß des anbrechenden neuen Tages.

EIN KÖNIGSSOHN

Der Zug hat sich vom Meere abgewandt, hinauf zu der Terrasse, die wir schon kennen. Arvodos Auge blickt erstaunt auf die blühende Pracht ringsum. Es ist das versteckte Paradies, das den Wohnsitz der beiden Einsiedler am Meere umgibt. Sie sind mit dem noch immer bewußtlosen Upal jetzt in ihrem Obdach angelangt und legen ihn auf ein Mooslager nieder. Der Alte legt seine Hände auf den Kopf des Bewußtlosen und leise bewegen sich seine Lippen im stummen Gebet. Dann nähert er sich Arvodo, winkt ihm und beide begeben sich abseits, um den Schlaf des von der Gewalt der Ereignisse niedergeworfenen Upal nicht zu stören. Arvodo findet endlich Worte und es entwickelt sich zwischen beiden folgendes Gespräch:

„Mein Gefährte nannte dich beim Namen des verschwundenen Königssohnes Muhareb. Bist du es, der rechtmäßige König von Mallona?"

„Ich bin Muhareb, Mabans Sohn. Ich bin der rechtmäßige König, aber Areval thront in seiner Hauptstadt!"

In dringendem, aufgeregtem Tone, mit bittender Gebärde nähert sich Arvodo:

„Herr, gebt mir einen Beweis, daß ich nicht zweifeln kann, für mich hängt alles davon ab!"

„Der Beweis wird dir nichts nützen, Arvodo. Ich kenne dich, kenne deine Pläne, denn mir ist's vergönnt vom Allvater, in den Herzen der Menschen zu lesen, zu erkennen ihr Wollen, ob es gut oder böse sei. Doch will ich dir den Beweis geben, den du forderst! Erfülle ich damit doch den Befehl dessen, dem ich allein noch diene."

Der Alte entfernt sich und kommt bald zurück mit jenem Gefäß, das ich schon früher geschaut und das Kleinodien enthält.

„Arvodo, einstens ließ Maban drei Ringe herstellen als Zeichen der unumschränkten Macht seines Hauses, geschnitten aus ein und demselben Orostein. Der Stein zeigt auf weißem Grunde das Bildnis *Furos*, des heldenhaften Stammvaters unseres Geschlechtes, bedeckt mit dem Helme der Macht und Stärke, den er einst dem Dämon Usglom selbst im harten Kampfe entrissen haben soll. Du weißt, daß seitdem Usglom unserem Geschlechte grollt und es zu verderben gesonnen ist. Areval und mir gab Maban je einen Ring, er selbst trug stets den dritten. Areval besaß nach dem Tode Mabans dessen Ring, er glänzt jetzt an deiner Hand als Zeichen seiner dir gewordenen Gunst. Er legte einen Teil seiner Macht in deine Hand. Hier sieh den dritten gleichen Ring." Der Alte öffnet das Gefäß und zeigt Arvodo den Ring, der darin ruht.

Der Feldherr betrachtet mit Staunen das Kleinod. Er sieht auch das königliche Diadem, das auf dem Grunde des Behälters ruht, verziert mit einem funkelnden Diamant von ungeheurem Wert. Er zweifelt nicht mehr, denn nur Areval trägt bei besonderen Gelegenheiten einen gleichen Reif als Zeichen seiner königlichen Würde. Er zieht seinen Ring vom Finger, kniet vor Muhareb nieder und spricht:

„Mein Herr und König, dieses Zeichen meiner Macht gebe ich zurück der Hand, der sie gebührt. Der Befehl meines sterbenden Vaters ist erfüllt. Er wußte, daß mein Gebieter lebt und befahl mir, bestrebt zu sein, dir die Gewalt zurückzubringen, der du entsagtest. Nur du allein kannst der Retter des entarteten Volkes werden. Ich habe geschworen, dich zu suchen, und siehe, mir ist das Glück geworden, dich zu finden. O komme zu deinem Volke, gib diese Einöde auf, in der du bisher gelebt! Alle Herzen werden dir zujauchzen, dir, dem rechtmäßigen Könige von Mallona!“

Ruhig und unbewegt blickt der hohe Greis auf den Knieenden. Er nimmt den Ring nicht, hebt ihn auf und sagt milde:

„Herr und König von Mallona bin nicht ich, nicht Areval. Keiner von euch kennt Ihn mehr. Ich aber habe Ihn erkannt und werde Seinen Willen erfüllen. Ich sehe, daß dein Herz voll Eifer ist, doch schlägt es falsche Bahnen ein. Nicht ich kann das Volk mehr retten. Ein Tier, das in Sümpfen leben will, kehrt dahin zurück, wo es ihm wohl ist. Mallonas Völker sind zu solchem Tier geworden, die Großen derselben zu reißenden Bestien. Wenden sie sich nicht ab von ihrem Tun, so ist keine Hilfe möglich, sie müssen die Folgen ihrer Schuld tragen“.

„Sie werden sich abwenden, Herr, wenn du ihnen das Beispiel gibst! Dein Gedächtnis ist nicht erloschen in ihnen. Noch preist man den Prinzen Muhareb als Inbegriff der Tugend. Kehrt er zurück als König, — so wird ein Blutbad beginnen, wie noch keines war. Ist der erste Rausch verflogen, so wird der Sittenprediger Haß ernten, wo er Liebe säen will. Das Tier will seinen Sumpf haben. Suche es herauszureißen, nachdem es verlernt hat, sich nach reinerer Wohnstätte zu sehnen, und es wird dich verschlingen. Nicht mit Gewalt werde ich den Händen Arevals je zu entreißen suchen, was er durch Allvaters Willen erhielt. Jeder Herrscher ist so beschaffen, wie sein Volk ihn braucht. Das Volk und die Großen machen ihn erst zu dem, was er ist.

Areval aber wurde ein Scheusal durch sich selbst. Er unterdrückt das Volk und verpraßt das von ihm Erpreßte mit seinen Kreaturen. Was Maban erbaute, riß er längst wieder ein. Wie dieser ein Muster des Guten war, so ist er ein Muster des Bösen. Warum fanden die

Völker Mallonas denn nicht durch die Ausübung des Guten, das Maban sie gelehrt, die Kraft, den Versuchungen des Bösen durch Areval zu widerstehen? Weil sie nicht gut waren, weil Maban sich täuschte und glaubte, seine aufgedrungene Tugend habe auch die Kraft einer Umwandlung der bösen Eigenschaften, die in unseren Völkern schon von den Vätern herstammt. In Maban war der letzte Wall gegen ein einst sicher hereinbrechendes Verderben geschaffen. Er war ein letzter Wegweiser, seinen Völkern zu zeigen, welche Wege sie wandeln müßten, um sich emporzuraffen aus dem Sumpfe der Genußsucht und Begierden. Mir sollte es vorbehalten sein, sein Werk fortzusetzen, wenn die Völker sich ihrer Würde erinnern wollten, die sie als Geschöpfe des ewigen Allvaters zu bewahren haben.

Sie taten es jedoch nicht, beugten sich nur der Gewalt. Der Herrscher hat keine Gewalt über den Sklavensinn eines Volkes, der sich hinter der Sehnsucht nach Gesetz und Recht oft verbirgt. Die öffentliche Ordnung zu erhalten, bedarf es keiner Gewalt, sobald das Bewußtsein des Rechtes in jedem Einzelnen lebendig ist. Fehlt aber dieses, so beginnt erst die Macht und Schärfe des Gesetzes nach dem Willen eines Mächtigen, der oft selbst des Gesetzes am meisten bedarf.

Arvodo, ich sah diese Stunde im Geiste kommen. Ich wußte, daß sie mir Entscheidung bringen würde, nochmals zurückzukehren in den äußeren Glanz. Ich weiß auch, daß um den Preis eines härteren Tyrannen, als Areval es ist, ich diese Welt mit Zwang beugen würde. Doch der Weg geht dann über Leichen und Blut. Das Mittel ist Zerstörung, Vernichtung der Seelen, die dahinfahren in Wut, Rachsucht und Begierden, verloren der weiteren Entwicklung im Hause Allvaters. Ich sehe auch die weiteren unabwendbaren Folgen. Ich weiß, daß der Vernichtung der Leiber nicht entgangen werden kann, das Wie verschleiert mir noch die Hand des

Allvaters. Aber ich habe gewählt und verlasse nicht mehr diese Stätte, an der ich das Licht der Seele errungen, das Wehen des ewigen Geistes gefühlt und die wahren Ziele der Menschenwesen erkannte. Ich kann der von dir erhoffte Retter nicht sein und verlange, daß du schweigst von mir, kehrst du zurück zu den Deinen!"

„Verlangst du auch, daß ich den Plänen entsage, die ich in mir hege?"

„Die Erfüllung aller Pläne, wie du sie gefaßt, liegt nicht in meiner, nicht in deiner Hand, sie wird gelenkt nach erhabenen Absichten des Ewigen. Alle Pläne können nie das letzte Ziel durchkreuzen, dem die Menschheit zustrebt, kaum dessen Erreichung verzögern. Handle nach deinem Erkennen, ich werde dich nicht hindern." —

„Und wenn diese Pläne mich nun hindern würden, zu verschweigen, daß Muhareb, der wahre König von Mallona, lebt?"

„So kann ich dich, nachdem du diese Wahrheit einmal gefunden, daran nicht hindern. Doch glaube nicht, daß Muhareb gesehen werden kann, wenn es nicht der Wille Allvaters ist. Es war Sein Wille, daß ihr mich fandet. Euer Flugschiff, das euch in die Tiefe der Wirduhöhle brachte, konnte zerschmettert werden; ich hätte euch verderben können, beides geschah nicht. Ich handle nach dem Willen dessen, der mir im Herzen vorschreibt, was ich tun soll. Gehet beide in Frieden, wir werden euch zurückgeleiten. Sicher werdet ihr wieder zu den Euren gelangen. Unser Tun ist nicht dasselbe!"

Muhareb hat mit solcher Macht der Überzeugung gesprochen, daß es Arvodo unmöglich ist, etwas zu entgegnen. Finster blickt er vor sich nieder, dann sagt er, auf den heller werdenden Streifen am Meereshorizont weisend:

„Es naht die Zeit, daß ich zurückkehren muß. Wirst du uns hindern?“

„Nein, du hörtest, wir werden dich geleiten. Harre hier, ich werde sehen, wie sich dein Begleiter fühlt!“

Ohne eine Antwort zu erwarten, wendet sich Muhareb ab und geht der Lagerstätte Upals zu. Er findet Upal erwacht und mit dem Jüngling im eifrigen Gespräch. Als er den nähertretenden Muhareb erblickt, springt er auf und eilt auf den Greis zu. Muhareb schließt den Tieferschütterten in seine Arme und flüstert ihm beruhigende Worte zu.

„Upal, jetzt ist es nicht an der Zeit, deine Fragen alle zu beantworten, doch soll dir Antwort werden auf alles, was dir nötig ist zu wissen. Bringe den Gefährten zurück, es drängt die Zeit. Hast du diese Aufgabe erfüllt, so führe dein Luftschiff bald wieder hierher zu mir. Siehst du dort den weit ins Meer ragenden hohen Felsenvorsprung? Du siehst ihn von der Höhe des Kraters, in den du dich senktest. Halte auf ihn zu, so fehlst du nicht die Richtung zu unserer versteckten Bucht. Ich erwarte dich. Arvodo laß allein heimkehren. Sei verschwiegen ihm gegenüber, damit du einstens nichts zu bereuen hast.“

Upal sieht überrascht auf Muhareb und fragt: „Ist der Feldherr in unserer Nähe?“

„Er ist es und erwartet dein Kommen. Fühlst du dich wieder stark?“

„Ich bin es! O wie viele Fragen drängen sich mir auf die Zunge, doch ich unterdrücke sie und gehorche deinem Befehle!“

Muhareb wendet sich ab mit einem Wink an Upal und den Jüngling. Beide folgen. Die drei begeben sich zu dem harrenden Arvodo. Dieser steht dort, wo ihn Muhareb verlassen, und starrt auf das offene Meer. Als er das Geräusch der Schritte hört, wendet er sich um, faßt Muhareb fest ins Auge und nähert sich ihm.

Upal und der Jüngling bleiben unwillkürlich zurück, da sie empfinden, daß der Feldherr mit Muhareb allein zu reden wünscht. Im Flüstertone sagt Arvodo:

„Es ist für immer dein Entschluß, dem Throne zu entsagen, Muhareb?"

„Er ist es!"

„Mabans Vermächtnis an meinen Vater, der dessen getreuester Vasall gewesen, war die Aufgabe, dich zu suchen und zurückzuführen. Der König wußte, daß sein Sohn lebt und konnte nicht glauben, daß er sich gänzlich von ihm abgewendet. Auf mich ging nach meines Vaters Tode dieses Vermächtnis über; soll es für immer zu Schanden werden?"

„Ich gab dir meine Antwort bereits, sie bleibt bestehen."

„So entbindest du mich des Eides, den ich dem sterbenden Vater gab?"

„Ohne Kraft ist dein Versprechen, von dem du nicht wußtest, ob du es je würdest erfüllen können. Frei, ohne Verpflichtung stehst du mir gegenüber!"

Arvodo blickt Muhareb mit Erstaunen an; unmutig ruft er aus:

„Deine Weigerung tötet in mir die besten Regungen meines Herzens. In dir lebt nicht deines Vaters Geist. Ein Höhlenmann sein und bleiben wollen, wenn ein Thron winkt, ich fasse es nicht!"

„Weil du nicht fassen kannst, was mich bestimmt, so ist es besser, wir scheiden schnell. Handle nach deiner Erkenntnis, ich folge der meinen. Unsere Wege sind nicht dieselben."

Kurz wendet sich Muhareb ab und winkt den beiden Zurückgebliebenen. Eine auf den Weg zum Meeresstrande hinweisende Gebärde des Greises veranlaßt Arvodo, denselben zu betreten. Muhareb schreitet voran. Upal und der Jüngling, die beide Mangafackeln tragen, folgen. Sie betreten eine andere als die erste

Schlucht, durch welche sie aus dem Bergesinnern traten und befinden sich bald zwischen einengenden Felsen. Ein dem früheren ähnlicher Höhlenweg nimmt sie auf und sie gehen lange in gewundener Linie tief in das Innere. Es scheint, daß dieser Weg nur zur Zeit der Ebbe gangbar ist, denn feucht ist der Sand unter den Füßen, naß und tropfend die einengenden Felsen. Plötzlich wendet sich Muhareb nach rechts ab und steigt zwischen Felsen empor. Ein weiter Tunnel führt jetzt bergauf. Er weitet sich und sie treten in eine weite Felsenhalle.

Upal erkennt sofort den Ort. Sie sind wieder dort angelangt, wo sie den Gang zum ausgetrockneten Seebecken entdeckten. Muhareb hatte seine Begleiter auf schnellerem Wege nach dem Kratergrunde zurückgeführt, nahe der Stelle, an der sie das Flugschiff verließen. Rings umgibt sie finstere Nacht, die das Licht der Mangafackeln nicht verscheucht. Jetzt blinkt es in der Ferne auf, das Licht spiegelt sich auf metallenen Stäben und Flächen, die Form des Flugschiffes tritt aus dem Dunkel hervor.

Arvodo blickt finster auf das Gefährt. Mit anderen Gefühlen, als er es verlassen, sieht er es wieder. Das Verlangen, schnell diesen fürchterlichen unterirdischen Grüften zu entrinnen, macht sich ihm zwingend fühlbar. Muhareb sieht durchdringend auf den Feldherrn. Arvodo meidet diesen Blick, sind doch seit der letzten hartnäckigen Abweisung Gedanken in ihm aufgestiegen, die, zwar noch unklar, einen Gegensatz zwischen ihm und dem Greise hervorrufen.

„Unsere Wege sind nicht dieselben", tönt es in ihm nach — gut, so mögen sich diese schnell trennen und jeder seines Weges gehen.

Upal ist in die Maschine getreten und hat alles geordnet. Er entflammt alle die Gondel umgebenden Mangafackeln, läßt das aufwärtstreibende Flugrad sich drehen und meldet dem Feldherrn, daß er bereit zur Abfahrt sei.

Muhareb, dem Arvodos Gedanken klar geworden, sagt: „Allvater, der euch hergeführt, schütze eure Ausfahrt!" —

Arvodo steigt ein. Noch einmal wallt es in ihm auf, als er dem Greis ins Auge blickt.

„Werde ich dich wiedersehen?" fragt er.

„Allvaters Wille entscheidet, nicht wir. Tue Seinen Willen. Laß dich nicht blenden von Usgloms Schätzen, so rettest du dein Selbst und wir werden uns wiedersehen."

Arvodos Antlitz zeigt Unwillen. Kurz gibt er Upal den Befehl zum Aufstieg. Schneller dreht sich das Flugrad. Die Maschine hebt sich und schwebt empor dem Ausgang des Kraters zu, sicher gelenkt von Upals kundiger Hand.

Ohne Unfall gelingt die Fahrt. Die Mündung des Kraters wird passiert. Dämmerung liegt über das Land gebreitet. Upal läßt das Flugschiff hoch in die Lüfte steigen, um unbemerkt nach dem einsamen Ort zu gelangen, von dem sie aufgestiegen. Eine Entdeckung desselben wäre jetzt leichter als in der nächtlichen Finsternis. Schnell gleitet das Flugschiff mit ihnen durch die Lüfte.

Upal redet zu dem in tiefem Sinnen versunkenen Arvodo jetzt folgendes:

„Herr, ist es euch genehm, so lenke ich den Flugwagen zum Fuß des Berges, auf dessen Höhe ich ihn stets verberge. Ihr erspart dadurch den Abstieg und gelangt schnell in den Ort, wo euer Diener mit dem Wagen wartet. Viel Zeit verbrauchten wir in den Höhlen des Wirdu, sie einzubringen, ist euch vielleicht von Nutzen!" —

Arvodo nickt, ihm ist es offenbar angenehm, den Gefährten zu verlieren. Er sagt: „Tue so. Ich erwarte dich so bald als möglich in meinem Palast. Schweige gegen jedermann, gedenke deines Schwurs!"

Upal hebt seinen rechten Arm und legt die Hand auf seinen Kopf: ein Zeichen, das die Getreuen geben, um ihre unbedingte Zustimmung auszusprechen. Mit schärfster Aufmerksamkeit lenkt er nun den Flug der Maschine. Bald haben sie die Kratergegend überflogen und nahen sich bewohnteren Gegenden. Jetzt dehnen sich weite Wälder unten aus, das Luftschiff senkt sich schnell und schwebt bald in geringer Höhe über die Wipfel der Bäume. Nun zeigt sich der schroff aufsteigende Gipfel des Berges, auf dem Upal sein Gefährt verbirgt. Zu dessen Füßen die Ebene, welcher er zustrebt. Langsam senkt sich das Flugschiff. Ein leichter Stoß und es steht still auf Wiesengrund, durch den ein schmaler Weg sich in den nahen Wald am Fuße des Berges verliert.

„Herr", sagt Upal, „dieser Pfad führt euch sicher zu dem Orte, in dem der Wagenlenker eurer wartet!"

Arvodo entsteigt der Gondel, reicht Upal die Hand und sagt: „Bereite alles vor, daß es dir zu späteren Fahrten an nichts gebricht. Noch weiß ich nicht, wozu ich mich entschließe. Doch ich will, daß du jederzeit bereit bist, weitere Fahrten zu unternehmen. Versorge dein Lager droben mit allem, was du brauchst."

„Herr, ich bedarf dazu einiger Zeit, bis ich dazu vorbereitet bin."

„So säume nicht und melde dich bei mir erst dann, wenn du alles wohl vollendet hast."

Upal wiederholt das Zeichen der Zustimmung. Als Arvodo sich wendet und schnell dem Walde zuschreitet, in dem er bald verschwindet, erhebt sich die Maschine wieder in die Lüfte und schwebt anscheinend dem Bergungsorte zu.

DAS GIFT DER SELBSTSUCHT

Arvodo hat schnell den Ort erreicht, an dem sein Wagenführer seiner harrte und fährt alsbald zurück, der Königsstadt zu. Zurückgelehnt in die Ecke seines Gefährtes, ist er in tiefes Sinnen versunken. Seine Seele ringt nach einem Entschluß, den er nunmehr zu fassen genötigt ist. Die Ereignisse der letzten Tage ziehen an seinem geistigen Auge vorüber und unwillkürlich führt er ein leises Selbstgespräch:

„Das Ziel, das ich mir in Muhareb setzte, ist verloren. Nimmer wagt dieser Höhlenmensch mehr eine tapfere Tat. Versunken ist Mabans Geist in ihm. Sein Weg ist nicht der meine. Gehe er seine Wege, ich werde die meinen gehen! Doch welche sollen diese sein? Unermeßlich sind die gefundenen Schätze. Leicht erringe ich mit diesen durch Gewalt ganz, was Areval mir schon halb gegeben hat, die Herrschaft! Wozu aber jetzt noch Gewalt? Von selbst ist mir längst die Frucht zugewachsen durch Arevals Zuneigung. Aus Arevals Hand kann ich zu jeder Stunde das Szepter nehmen.

Wenn Areval weiß, daß Muhareb lebt, so gibt die Furcht vor seinem Bruder ihn mir ganz in die Hände. Muhareb will nicht König von Mallona werden. Ich Tor wollte ihm die Macht ausliefern. Wohlan, ich werde nunmehr für mich selbst die Kräfte brauchen. Areval fällt, wenn ich es will. Der nächste König heißt Arvodo. Die Gleichberechtigung vor dem Volke als anerkannter König wird mir aber nur durch Artayas Hand. Ich hasse dieses Weib, die nur sich selbst und ihren Lüsten lebt. Artayas Hand gibt mir zwar die Gleichberechtigung des Thronanspruches, doch bleibt sie die Königin, so lang sie lebt."

Arvodo atmet tief auf und wiederholt:

„So lang sie lebt! Und wenn ich einst diese Schlange zertrete, würde das ein Verbrechen sein? Ist nicht mein Bruder selbst von ihr betäubt? Wie wird er es aufnehmen, sieht er mich als seinen Nebenbuhler? Er muß vergessen um des hohen Zieles wegen, das mir und ihm winkt. Ich erkenne es jetzt klar, Gewalt führt nur vielleicht und mühsam zum Ziele, der andere Weg sicher und mühelos. Da wählt der Kluge wohl stets den gangbareren und nicht den rauhen Pfad. — Und Muhareb, der Höhlenmann, was wird er tun? Nichts, wie er während Jahrungen nichts getan. Was kümmert mich noch dieser Höhlenmensch, mag er beten an Fedijahs Leiche, das erkennt er als seine Bestimmung. Die meine ist, zu herrschen, dem kraftlosen Areval das Zepter zu entwinden, ein Fürst zu werden, wie noch keiner war!"

Heiß wird es Arvodo bei diesen Gedanken. Sein Entschluß ist gefaßt und ungeduldig blickt er nach dem Horizont, an dessen Saume im Glanze des heranbrechenden Morgens die Königsburg der Hauptstadt blinkt. — — —

Um das Weitere verstehen zu können, ist es notwendig, hier einige Aufklärungen der kosmischen Verhältnisse des Planeten einzuschalten, wie sie nach verschiedenen Versuchen des Mediums ergründet wurden. Der Planet Mallona umkreiste die Sonne in einer Entfernung von ca. 70 Millionen Meilen. Er besaß, wie bereits gesagt, eine weit dichtere Atmosphäre, wodurch ein weit stärkerer Luftdruck auf ihm herrschte als bei uns. Da die Achse des Planeten nicht in einem Winkel von $23^1/_2$ Grad wie die der Erde geneigt war, sondern weniger, so hatte dies zur Folge, daß die Zonen des Planeten weit geringeren Temperaturschwankungen unterworfen waren. In Verbindung mit der dichteren Atmosphäre, die die Wirkung der Sonnenstrahlen konzentrierte, wurde damit verhindert, daß trotz des weiten Sonnenabstandes Licht und Wärmeverteilung geringer als auf unserer Erde gewesen wären. Im Gegenteil, die Jahreszeiten waren gleichmäßiger als in unseren gemäßigten Zonen. Nur am Äquator herrschte eine fast beständige Hitze, die den heißen Gürtel Mallonas zur Wüste gestaltete und von den Bewohnern gemieden wurde.

Die Erdteile Mallonas lagen hauptsächlich nach der nördlichen Hälfte der Halbkugel; jenseits der heißen Zone galt das Land noch unentdeckt und war auch unbewohnt. Die Bewohner scheuten es, in jene Gegenden einzudringen, die ihnen gar keine Existenzmittel boten. Noch weniger waren sie zur Schiffahrt geneigt, um zur See den heißen Gürtel zu durchbrechen und sich jenseits desselben anzusiedeln. Die Gründe hiefür lagen in den Stürmen, die alljährlich zur anbrechenden Winters- und Sommerszeit die Meere wie auf Erden unsicher machten und die gebräuchlichen kleinen Schiffe leicht zertrümmerten. Ihre Wagen machten Schiffe, die auf kleinen Seebecken und Flüssen benützt wurden, für Reisezwecke unnötig.

Eine tiefe Abneigung gegen die Luftschiffe und ihren Gebrauch herrschte auf Mallona. Kein Bewohner wagte es so leicht, sich den unsicheren Elementen anzuvertrauen, da der sichere Erdboden zur schnellen Fortbewegung genügte. Luftschiffer und Seeleute, die hin und wieder die in der Konstruktion genau bekannten Fahrzeuge benutzten, wurden als eine Art Wahnsinnige betrachtet, die den Dämonen des Wassers und der Luft verfallen waren und von den Launen der Unsichtbaren abhängig wurden. Abergläubige Furcht umgab deren Tätigkeit mit dem Schein des Übernatürlichen, beruhend auf einem Pakt mit den unsichtbaren Mächten. So schien es nicht geraten, sich an den Fahrzeugen und deren Besitzern zu vergreifen, um die dienstbaren Elemente nicht zu erzürnen.

Diese Umstände verursachten, daß Muhareb unentdeckt an der Küste leben konnte, nicht allzuweit von dem Königssitz. Ferner, daß Upal im Besitze eines Flugschiffes unbehelligt blieb und es niemand gewagt hätte, selbes auf der Felsenhöhe zu zerstören, sobald dessen Vorhandensein entdeckt worden wäre.

Arvodo entflieht meinen Augen und wiederum wendet sich der Blick den Gestaden zu, auf denen Muhareb weilt.

Schnell tauchen sie vor mir auf. Ich sehe die Flugmaschine Upals in der Bucht auf dem weißen Sande ruhend, ihn selbst mit Muhareb vor dem Eingange der Höhle in eifrigem Gespräch. Den Jüngling sehe ich in einem kleinen Bote fischen. Mich zieht es zu den beiden, Zeuge ihrer Unterredung zu sein. Ich unterscheide jetzt genau die Stimmen und verstehe den Sinn ihrer Rede.

Upal fragt: „Darf ich wissen, weshalb du den Feldherrn abgewiesen hast? Er scheint doch guter Absicht und edel im Gemüt!"

Muhareb antwortet: „Er ist beides nicht. Eine schöne Außendecke verbirgt die Regungen eines Herzens, das nur der Veranlassung braucht, um sich schlimmer zu äußern als Areval. Leicht ist es, gut zu sein, fehlt die Gelegenheit zum bösen Handeln. Stark ist sein Wille, doch nur geübt, das auszuführen, was Vorteil bringt. Solche Seelen fallen, stehen sie vor der Entscheidung, zu entsagen um eines inneren Preises willen. Das Gift, das alle Bewohner Mallonas eingesogen, zerstört auch ihn, er findet nicht die Kraft in sich, es zu zerstören!"

Voller Verwunderung fragt Upal: „Ein Gift, das alle Bewohner Mallonas eingesogen? Welches Gift?"

„Das Gift der Verderbnis, dem Maban das letzte Mittel entgegenzusetzen suchte — Gehorsam! Würden sich die Bewohner dieses Erdenrundes gefügt haben, hätten sie die Staatseinrichtungen verteidigt und den

Geist begriffen, der in diesen lag, sie wären gerettet und glücklich. Weise Gesetze, willig befolgt ihrem Erziehungsgedanken nach, führen eine Volk zur geistigen und äußeren Freiheit. Das Gegenteil aber geschieht, wenn die Gesetze ausgeklügelt verdreht werden. Wenn sie nur zur Erhaltung unterdrückender Macht, zu Betrug und Eigennutz dienen, führen sie zum Untergang, in das Verderben.

Früh habe ich erkannt, wohin Mallonas Völker gelangen müssen, gehen sie nicht den Weg zur Ordnung zurück, den Maban wies. Hier lag die Rettung, doch der Weg ist rauh. Hart muß der Retter sein können, keine Rücksicht üben darf er auch gegen das eigene Fleisch und Blut, gilt es, erkannte Fehler auszurotten. Hier fehlte Maban. Er zerstörte durch Nachgiebigkeit wieder, wo er aufgebaut. Der ihm folgenden Generation hätte lieb und teuer werden können, was die Zeitgenossen noch widerwillig trugen. Aber er durfte den Herd der Zerstörung, den er kannte und der in Areval lebte, nicht gewähren lassen. Er tat es und der Fall war demzufolge tiefer, als jemals unsere Völker vordem sanken.

Das Unheil naht mit raschen Schritten. Die Stunde des Untergangs ist nicht mehr weit. Im König vereinigt sich die Seele des Volkes, denn der Herrscher ist ein Erzeugnis ihres Sinnes. Kein freies, in seinem Empfinden reines Volk duldet einen Tyrannen. Zu Sklaven können nur Männer werden mit sklavischem Sinn. Die Umgebung des Herrschers kann nur mit diesem herrschen, wenn das Volk sich beugt. Will es das nicht, so bringt es bald siegende Freiheitskämpfer hervor. — Doch nur dann führt der hehre Gedanke zum Siege, wenn in der Brust der Menschen noch nicht alles tot ist. Es muß noch möglich sein, auf dem Altar des Herzens eine Opferflamme zu entzünden, geweiht der höchsten, allwaltenden Kraft, die uns ins Leben rief. Jenem Allgeiste, dem wir Dank schulden und Rechenschaft zu geben haben von unserem Wollen, Denken und Tun. Die innere Flamme ist das Leuchtfeuer für die Richtung unseres Tuns. Sie verzehrt, was unrein, sie kann aus einem Fünkchen zur glänzenden Lohe werden. Hat Selbstsucht diesen Altar zerstört, glimmt die Opferflamme bald erstickend. Dann ist es vorbei mit der Zukunft des Volkes: die Besseren sterben aus, getötet durch die Macht des siegenden Bösen. Kurze Zeit triumphiert dieses, spottet und verhöhnt die warnende Stimme der letzten Gerechten, glaubt in maßloser Herrschsucht auch den Gewalten des Alls ins Antlitz schlagen zu können und gräbt in wahnsinniger Verblendung sich selbst das eigene Grab."

Muhareb hat mit der Begeisterung des Sehers gesprochen, atemlos lauscht Upal. Nach einer Pause fährt der Sprecher fort.

„Schon klingt das Scharren der Grabschaufel an mein Ohr. Still wird es werden, ist der Tote erst begraben, ganz still. Nie wird die Öde sich wieder beleben. Der Königssohn ist in mir erstorben, weil es mir nicht vergönnt werden konnte, das Volk zu retten. Ich habe von dieser Einsamkeit gesucht nach Menschen, in deren Herzen der Altar noch nicht gestürzt und habe keine gefunden.

Mir, dem ältesten Königssohne, stehen alle Erfindungen zu Gebote, die das törichte Volk mißachtet. In den Höhlen hier ringsum ist mancherlei davon verborgen. Ich habe gelernt, den Genius im Menschen hochzuachten, der sich die Kräfte der Natur zu Dienern machte. Gewaltiger Herrscher im Hause der Natur ist der Mensch durch den in ihm wohnenden Geist. Dieser erhebt ihn über die Schwäche seines Körpers, und untertänig legen sich dem Menschen die Geister der Elemente zu Füßen. Auf Mallona haben nur wenige die unermeßliche Kraft des Geistes erkannt, die uns gegeben worden, um Selbstschöpfer im gegebenen Kreise zu werden. Durch die besiegten Kräfte der Natur kann der Mensch immer tiefer eindringen in die Weisheit Allvaters. Wir sollen die Elemente beherrschen. Nicht zum Eigennutz, wohl aber um dadurch den Gesetzgeber immer mehr kennen und lieben zu lernen. Das Volk verschmäht die himmlische Gabe. Aberglauben, Trägheit, Sinnlichkeit und Furcht läßt es nicht zu, daß ihnen zum Eigentum werde, was der Geist der Weisen fand.

Unzählige Entdeckungen wurden gemacht und dennoch wendet sich jetzt das Volk von allen Neuerungen ab. Es fürchtet sich vor den Errungenschaften des Geistes und will nicht gestört werden in seiner Bequemlichkeit. Dort in jener Bucht flutet das Wasser in eine versteckte Höhle. Wohlgeborgen findest du darin ein schnellfahrendes Schiff, mit dem die Meere sicher befahren werden können. Beseelt vom Aberglauben wollte niemand es besteigen aus Furcht, die Dämonen des Wassers verschlängen den Kühnen, so blieb diese große Erfindung wertlos. Mir aber dient es hier seit Jahren, unerkannt ferne Orte zu besuchen, mit eigenen Augen das Treiben der Völker zu beobachten. Nicht fremd ist mir daher, was ringsum geschieht. Ich erkenne, wie der Geist in den Menschen immer mehr erlischt, wie in den Seelen der Glaube an den Zweck des Lebens erstorben. Mit diesem Stillstand jeder Entwicklung ist die Erstarrung eingetreten; das Errungene geht wieder verloren, das Gericht, die Vernichtung steht im Hintergrunde.

Du trautest Arvodo und zeigtest ihm darum die Schätze im Bergesinnern. In dir lebt noch Wagemut. Du hassest Areval als den Vernichter des Guten und glaubtest, Arvodo werde sich deinen Wünschen geneigt zeigen als Rächer deines Geschickes. Allein du bist ihm nur Mittel, kein Gefühl hat er für dich, auch nicht für mich. Auch ich hätte ihm dankbar das Mittel sein müssen für Zwecke, die sich bald offenbaren werden. Denn nachdem er von mir abgewiesen, wird er nun bei Areval finden, was er sucht — Befriedigung seiner Herrschlust, die unaufhaltsam aus seinem Inneren hervorbrechen wird. — Geh' nicht zurück zu ihm, dein Schicksal würde sich besiegeln. Du suchtest einen Freund und findest einen Feind, der dich vernichtet. Um dir dies zu sagen, forderte ich dein Kommen, doch frei sei deine Entschließung!"

„Arvodo sollte falsch sein?" fragte Upal erstaunt. „Ist er nicht das geheime Haupt der Getreuen, die sich weihten, das Recht wieder siegen zu lassen und Mabans Pläne zu vollenden? Ich gehöre zum Bunde. Er weiß es und könnte mich vernichten wollen? Ich bin sein Sklave und habe mich ihm gebeugt!"

„Was uns gestern noch fremd war, kann heute schon Entschluß und Tat sein. Nicht wollte er gestern, was ihm heute notwendig erscheint. Folge mir, lerne Mallona kennen mit meinen Augen. Ich werde dir Licht geben und die verdunkelnden Schleier werden vor deiner Erkenntnis niederfallen. Ich habe die letzte Reise zu vollziehen. Der letzte Versuch, die Geister aufzurütteln, ist mir anbefohlen. Sei mein Begleiter, folge mir. Willst du?"

Entschlossen springt Upal auf und ruft: „Ich will!"

DER VIZEKÖNIG VON NUSTRA

Wolken schieben sich jetzt vor, ich sehe nicht mehr das Meeresgestade. Das Bild ändert sich. Aus dem Nebel, der meinen Blick verschleiert, bilden sich allmählich deutliche Umrisse.

Eine weite Halle wölbt sich mir entgegen, es ist der große Empfangssaal des Königs Areval. Alle Edlen des Reiches sind hier versammelt und warten auf den Eintritt des Königs. Spannung liegt auf den Zügen der Männer, die einen prächtigen Thron umstehen und verstohlen verwunderte Blicke auf den Oberpriester Karmuno werfen. Unbeweglich steht dieser an den Stufen des Thrones, die Augen auf eine große Pforte gerichtet, aus der der König treten muß. Bisher unterstützte Karmuno stets den König, wenn er sich den Großen des Reiches zeigte. Jetzt ist es anders geworden. Areval bedarf seiner nicht mehr, sowohl als Arzt, wie als Ratgeber. Die Großen flüstern und freuen sich über diese Ungnade, fürchten jedoch noch immer den einst so mächtigen Mann. Man kennt seine Tatkraft, seine Macht als oberster Priester des Reiches, seine Klugheit und nicht am wenigsten seine Niedertracht.

Jetzt geht eine Bewegung durch die Versammlung. Die große Pforte springt auf, kostbar gekleidete Bewaffnete, die Leibgarde des Königs, marschieren herein und stellen sich in zwei Reihen von der Pforte bis zum Throne auf. Vor den Stufen steht Karmuno.

Areval tritt festen Schrittes ein, man sieht ihm nichts mehr von früherer Krankheit an. Ihm zur Rechten geht der Feldherr Arvodo, beiden folgen die Vizekönige von Monna und Sutona, diesen wieder Rusar, Arvodos Bruder, mit den ersten Häuptern des Landes.

Langsam gelangt der Zug bis zu des Thrones Stufen. Karmuno steigt zwei derselben hinauf und wendet sich dem König zu. Der Zug hält. Klar, jedoch kalt wie schneidendes Erz hallt die Stimme des Priesters durch die Halle:

„Großer König, du beriefest die Edlen von Mallona, damit sie hören, was du beschlossen hast zum Wohle des Landes und seiner Bewohner. Der gewaltige Geist des Weltalls hat deinen Sinn erleuchtet, das Rechte zu wählen. Nach alter Sitte der Väter frage ich dich hier als Stellvertreter der ewigen Gottheit: „Ist es dir gewiß, daß der Entschluß, den du gesonnen bist hier kundzugeben, entsprungen ist dem ewigen Willen, dem wir alle untertan?"

Areval antwortet fest: „Es ist mir gewiß!"

„Bist du gewillt auch ferner nur diesem Willen zu dienen?"

„Ich will es!"

„So zeige dich im Glanze ihres Willens und verkünde ihre Botschaft dem hörenden Volke!"

„Ich werde es!" —

Diese Worte bilden eine übliche Zeremonie, ausgesonnen, um weltliche und geistliche Macht untrennbar zu vereinen. In ihr liegt eine bedeutende Kraft zur Bindung der Gemüter: Man sieht es den Zügen der Hörer an, die nunmehr begierig sind, der kommenden Botschaft zu lauschen.

Areval hat den zur Seite getretenen Karmuno keines weiteren Blickes gewürdigt. Er besteigt den Thron und spricht:

„Männer von Mallona, Getreue meines Thrones! Es hat dem Dämon des Todes gefallen, einen getreuen Vasallen in das Schattenreich zu senden. Nustra, unser Nachbarstaat entbehrt seit zwei Tagungen des Nustrors. Wir sind daher gewillt, uns einig wissend mit dem Willen der ewigen Gottheit, einen neuen Vizekönig einzusetzen und ihm Gewalt im Lande zu verleihen. Unsere Wahl ist vollzogen, sie zu verkünden bleibt noch übrig.

„Rusar, Sohn des Mutro, des Edelsten einer, der noch Maban diente, Bruder unseres Feldherrn Arvodo, tritt hervor!“

Erstaunen zeigt sich in den Gesichtern der Anwesenden, nur Arvodo und die Vizekönige sind nicht überrascht. Rusar selbst ist es jedoch am meisten; zögernd tritt er heran und kniet am Throne nieder. Areval spricht weiter:

„Rusar, stehe auf als Nustror und leiste mir den Schwur der Treue!“

Karmuno sagt nun eine lange Eidesformel vor, die von Rusar nachgesprochen wird. Areval zieht ihn zu sich empor und krönt ihn mit einem goldenen Reif, den ein Orostein schmückt. Jetzt beglückwünschen ihn die Vizekönige von Monna und Sutona, auch in der Halle ist es unter den Anwesenden lebendig geworden. Laute Rufe ertönen, freudige Zustimmung zur Ernennung. Karmuno scheint reden zu wollen, Areval gebietet der Versammlung Schweigen und beginnt, ehe noch der Oberpriester zu Worte kommen kann, selbst die Schlußworte des Zeremoniells zu sprechen. Er sagt sich beugend: „Der Wille der Gottheit, dem ich mich beuge, ist erfüllt. Auf, Rusar, zeige dich dem Volke in deiner neuen Würde!“

Funkelnden Blicks, aber dennoch lächelnd, hat sich der Oberpriester wie alle Anwesenden tief geneigt und tritt zurück. In der allgemeinen Erregung ist es nicht allen aufgefallen, daß der Oberpriester zu sagen hätte: „Der Wille der Gottheit, dem sich der König beugt, ist erfüllt!“ — wobei er als Vertreter der Gottheit ungebeugt stehen bleiben darf, während der König und die Anwesenden sich tief verneigen müssen. Die jedoch das Zeremoniells kennen, wissen nun auch, daß Areval dem

Oberpriester mit dieser Abweichung vom Althergebrachten den Fehdehandschuh hinwirft.

Rusar, geleitet von den Vizekönigen begibt sich durch die Gasse der Leibwache zur Halle hinaus. Areval folgt mit Arvodo. Beide ziehen sich sofort in die inneren Gemächer des Schlosses zurück. Langsam verhallt der Lärm, verursacht durch die Bildung eines imposanten Triumphzuges unter Vorantritt eines Heroldes, der die Ernennung des neuen Vizekönigs dem Volke verkündet. Während Rusar alle Ehren genießt, beraten sich Areval und Arvodo im Zimmer des Königs.

Ich sehe sie allein. Die günstige Veränderung im Wesen Arevals tritt jetzt noch deutlicher hervor als beim großen Empfang. Seitdem er durch den Feldherrn weiß, daß Muhareb lebt, sind die Wahngestalten von früher gewichen. Das Bewußtsein einer drohenden Gefahr hat ihn zur Entfaltung äußerster Energie gebracht. Er will das seinem Throne drohende Unheil bannen und sinnt auf Mittel, sich vor dem etwa wiederkehrenden Bruder zu schützen.

Arvodo hat es vortrefflich verstanden, den König völlig für sich einzunehmen und Karmuno zu ersetzen. Er weiß, daß der Oberpriester ihn deswegen tödlich haßt, ist jedoch klug genug, diesem gegenüber stets eine freundliche Außenseite zu zeigen. Heute jedoch hat die Handlungsweise Arevals ihm gezeigt, daß der König eine versteckte Absicht auszuführen gedenkt, die er erforschen will. Er harrt nur des günstigen Augenblicks, der ihm Arevals geheime Gedanken entdecken wird. Areval spricht nun klar und deutlich: „Bist du mit deinem König zufrieden, Arvodo? Dein Bruder ist Vizekönig, wie du es wünschtest. Dir verdanke ich viel und der Lohn soll auch dir werden. Mein Wille ist, daß du Artayas Hand bald erhältst. Ich erkenne dich dann an. Du bist der Mann, der zu mir steht und mir helfen wird, Mabans Ruhm zu verdunkeln."

Arvodos Miene verrät nicht die tiefe Befriedigung seines Herzens. Mit ruhiger Stimme antwortet er: „Mein König weiß, daß meine Ergebenheit unbegrenzt ist. Befiehl, Herr, was ich tun soll!"

„Erst eine Frage, Arvodo! Welche Gefühle glaubst du, hegt der Oberpriester Karmuno gegen dich? Ist er dein Feind?"

„Wenn glattes Lächeln ein Zeichen der Freundschaft ist, so ist er mein bester Freund, doch traue ich nicht der Außenseite. Er beneidet die Gunst, die mir mein König schenkt. Wer sieht in seine Seele und erkennt, was in deren Tiefe ruht?"

„Sicherlich nicht Gutes für mich und dich. Ich habe die Ketten durch dich gesprengt, die mich an ihn fesselten. Er wird bemüht sein, sie neu zu schmieden. Ich kenne diesen Herrn aller Tempel des Reiches. Von ihm hängt es ab, Stimmungen im Volke wachzurufen und die Schar der Priester in allen Landen gehorcht ihm. Wollte ich wahrhafter König sein, alleiniger Herrscher in allen Landen, ich müßte die ganze Brut vernichten, die ihm gehorcht. Ich muß mit ihm die Herrschaft in Mallona teilen und sehe den Tag kommen, an dem ein Kampf auf Leben und Tod mit ihm ausbricht."

Düster sieht Arvodo auf den König: „Hat mein König bedacht, wie dieser Kampf zu führen wäre?"

Areval neigt sich zu ihm: „Solange ich von ihm abhängig war in meiner Krankheit, war es ein Unding. Doch jetzt, da du an meiner Seite stehst, ist es möglich. Die Macht der Tempel muß gestürzt werden. Das Volk sieht auf diese in abergläubischer Scheu und die Macht der Dämonen scheint ihm größer als die des Königs. Ich muß beweisen, daß die Götter mir gehorchen, daß in dem Könige sich alle Kräfte einen. Karmuno war seit langen Jahren besorgt, die Königsmacht zu untergraben, indem er die Lehre verbreitete, der König sei untertan der Kraft der Gottheit, die in Mallonas

Haupttempel allein sich offenbart. Du weißt, wie alles hinwallt zu den Pforten des Heiligtums, sich Rat zu holen, wie günstiger oder ungünstiger Spruch die Gemüter begeistert oder versteint. Selbst meine Krieger sind nicht davon befreit. Es ist fraglich, wie viele wagen würden, gegen den Spruch der Gottheit Karmunos zu tun, was der König befiehlt."

„Darum scheint es besser, mit Karmuno in Frieden zu leben, als ihn zu reizen."

„Und weiter Sklave zu sein? Nein, nimmermehr! Er oder ich, zusammen können wir nicht regieren. Das Königtum oder der Tempel. Eins muß fallen. Nicht ohne Überlegung weigerte ich mich heute, das Zeremoniell in alter Form zu schließen. Ich will zeigen, daß der König keines Mittlers braucht, um im Namen der Gottheit zu handeln. Die Gottheit wohnt auch in mir oder nirgends."

Arevals Augen glühen. Der so lange gegen den Priester gehegte Groll spricht deutlich aus seinen Zügen. Schnell aber beherrscht er die Erregung und leise flüstert er zu Arvodo: „Der Einsiedler am Meere war bisher gefahrlos, doch wer ist sicher vor Karmunos Spähern? Entdeckt er das Geheimnis, so wird er es gegen mich zu nützen wissen. Die eigene Sicherheit verlangt schnelles Handeln. Arvodo, trage Sorge, daß der Einsiedler unerkannt durch die Getreuesten der Wache in Gewahrsam kommt! Man bringe ihn dann nach Sutona; auf Ksontus Schloß ist er wohl verwahrt und beschliesse dort seine Tage. Das Reich soll er mir nicht erschüttern. Er nicht und nicht Karmuno!" — Und jetzt komme mit zu Artaya. Der König führt dich zu der Braut!"

Areval erhebt sich und leicht auf Arvodo gestützt verläßt er das Gemach.

Ein leises Geräusch an der Wand macht mich aufmerksam. Mein Blick durchdringt dieselbe und entdeckt innerhalb der starken Mauer einen schmalen geheimen Raum. Karmuno verläßt diesen Späherposten, auf dem er die geheimsten Gespräche des Königs in dessen Gemache belauscht.

IN NUSTRA

Von der Hauptstadt Mallona aus ziehen sich nach den verschiedenen Städten des Reiches schnurgerade Straßen hin: die Verbindungswege, auf denen die schnellfahrenden Wagen mühelos in kurzer Zeit lange Strecken zurücklegen. Östlich von Mallona sehe ich die Hauptstraße, die nach dem Nachbarreiche Nustra führt. Schneller als die Wagen gleite ich jetzt sanft durch die Lüfte und bewundere die Kunstfertigkeit, mit der die Straße angelegt worden ist. Nichts ist imstande, die gerade Richtung zu hemmen. Flüsse, Täler, Schluchten sind überbrückt, Berge wurden gesprengt um der Straße willen. Auf dem geglätteten Boden macht sich keine Erschütterung der Wagen bemerkbar. Wahrlich, diese Straßen sind eine Mustereinrichtung, gegen die unsere Verkehrswege mir unvollkommen erscheinen.

Je mehr ich mich von der Hauptstadt entferne, desto romantischer wird die Gegend. Ich sehe am Horizont gewaltige Bergmassen auftauchen, schneeige Bergriesen glänzen mir im Sonnenschein entgegen. Eine mächtige Gebirgswelt als Grenze zweier Erdteile, ähnlich dem Ural zwischen Europa und Asien, türmt sich vor mir auf und scheint dem Eindringling ein Halt zu gebieten. Die Straße aber baut sich weiter auf und klimmt, nur selten in Bogen den gewaltigen Hindernissen ausweichend, zu fabelhafter Höhe empor. Schluchten und Täler werden durch staunenerregende Bogenbauten überbrückt. In schwindelnder Höhe, ganz nahe den Schneefeldern und Gletschern, windet sich jetzt die Straße zu den höchsten Höhen, die sie überschreiten muß. Und mitten durch das Schweigen einer eisstarrenden Gletscherwelt führt sie sicher und gefahrlos den Reisenden auf eine schneebedeckte Hochebene, die Grenzscheide von Mallona und Nustra.

Ich bewundere die Kunst der Ingenieure, solche Bauten auszuführen, die zweifellos auf unserer Erde unmöglich sein würden. Die Last der Massen würde solche Bogenbauten nicht zulassen, wie ich sie sah. Zusammenstürzen in sich selbst würde alles, wollte man es wagen, Brückenbogen von solcher Spannungsweite auszuführen.

Die geringere Schwerkraft des Planeten Mallona ermöglicht hier diese Ausführung. In der reinen Gebirgsluft empfinde ich deutlich die anderen kosmischen Bedingungen. Auch scheint mir das Urgestein des Planeten ein wesentlich anderes zu sein als das der Erde. Es scheint mir leichter in seiner Struktur; leichtere Massen, gleich den Produkten der Kreidezeit und Triasperiode, die hier mit Schneekappen bedeckt, sich schwarz aus den blauweißen Gletschern und Schneefeldern erheben. Doch mich duldet es hier nicht länger. Es treibt mich rastlos weiter zu dem Ende der Hochebene, und dann hinab nach Nustra, dem Königreiche Rusars, dessen Reisewagen und die seiner zahlreichen Begleitung mir folgen.

Jetzt ist die Höhe überwunden. Weit dehnt sich das Land vor mir. Schroff fallen nach Nustra hin die Berge ab und zahlreiche fruchtbare Felder, grünende Wälder, blinkende Seen, sanfte Hügelketten liegen nunmehr vor dem entzückten Blick. In sausender Fahrt geht es talwärts. Sicher gleiten die Wagen die wellenförmige gerade Straße hinab, gleich einer Rutschbahn von ungeheurer Länge. In kurzer Zeit ist die Talfahrt vollendet und in stundenlanger weiterer Fahrt geht es nun durch ebenes, fruchtbares Land, der Hauptstadt des Landes gleichen Namens zu. Die Sonne steht bereits tief am Horizont, als die Bauten Nustras in der Ferne erscheinen und Abend ist es geworden, als Rusar mit seinem Gefolge in die weite Halle einfährt.

Nustra hat sich zum Empfang des neuen Vizekönigs geschmückt. Überall flammen Holzstöße und große Bündel von Mangafackeln, die die Hauptstraßen und Plätze hell beleuchten. Der Weg zum Herrscherpalast auf einer Anhöhe ist besonders festlich beleuchtet. Eine froherregte Menge, reich geschmückt, bewegt sich auf den Straßen und begrüßt mit brausenden Heilrufen den einziehenden Vizekönig. Rusar steht auf einem Prunkwagen, gekleidet in golddurchwirkter Gewandung, und nimmt die Rufe dankend entgegen. Er scheint glücklich zu sein über alle Ehren und freut sich der Sympathie des Volkes. Der Zug verschwindet hinter den offenen Toren des Königsschlosses. Nustra besitzt wieder einen Herrscher.

Ich sehe einen weiten Saal, geschmückt in festlichem Gepräge. Rusar, die Vizekönige von Monna und Sutona sitzen auf einer Erhöhung und blicken in die bewegte Menge von Hofleuten und Vornehmen des Vizekönigreiches, denen der neue Herrscher ein Gelage gibt. Ich scheine hier versetzt in die Zeiten des üppigen römischen Kaiserreiches. Die Tafeln biegen sich unter den aufgetragenen Speisen. Die Gäste sind durch berauschende Getränke nicht mehr völlig ihrer Sinne mächtig. Tänzerinnen zeigen ihre Künste und winden die schlanken Körper in sinnlich aufregenden Tänzen. Gaukler produzieren sich und suchen durch waghalsige Sprünge die Zuschauer zu unterhalten. Hier entwickelt sich eine Orgie, wie sie wilder nicht gedacht und bei festlichen Gelegenheiten schon längst in allen Teilen des gesamten Mallona-Reiches zum Vergnügen der Großen geübt wird.

Auch dem Rusar ist ein derartiges Treiben keineswegs fremd. Suchte doch Areval seine wilden Phantasien durch tolle Bachanale zu verscheuchen, denen er beigewohnt hatte nicht ohne erwachende Lüsternheit, der die Jugend so leicht anheimfällt. Der Vizekönig von Monna an Rusars rechter Seite ist in lustigster Laune. Soeben hat er eine schöne Tänzerin zu sich gerufen und das Mädchen im Armee haltend, sagt er zu Rusar: „Nustror, die Blumen deines Landes sind lieblich, doch kann ich dir nicht weniger schöne zeigen, sobald es dir gefallen wird, mein Land zu besuchen. Versprich mir das zu tun, dann sollst du die Wunder meines Liebesgartens schauen."

Rusar meint gelassen: „Wir wissen, Monnor, welch feiner Kenner du in Liebesdingen bist, doch verlangt mich noch wenig nach diesen. Die Pflicht des Herrschers ist sein Volk zu beglücken!"

Hellauflachend preßt der Vizekönig das Mädchen an sich und ruft mit lallender Stimme: „Beglücke ich nicht mein Volk? Sieh, wie ich mit den Kindern des Volkes beginne."

Der Vizekönig von Sutona, Sutor genannt, lacht ebenfalls laut auf: „Wer wüßte nicht, daß du bemüht bist, der Vater deiner Landeskinder zu werden! Auch der Nustror wird sich in diesen schönen Pflichten noch üben."

In diesem Augenblick ertönt schmetternde Musik. Das Mädchen entwindet sich den Armen des Vizekönigs und eilt den andern Tänzerinnen zu, die sich zu einem Reigen aufgestellt haben und nun einen Tanz beginnen, der an Wildheit und Aufreizung der Nerven das denkbar Höchste leistet. Die Gäste erfaßt ein allgemeiner Taumel. Sie klatschen nach dem Takt in die Hände, rufen Beifall und mischen sich unter die Tänzerinnen. Bald wirbelt alles durcheinander unter Gejohle und Ausrufen der Lust.

Angewidert von diesem Bilde, wende ich mich ab. Ich habe einen tiefen Blick getan in die Verworfenheit der Bewohner dieses Planeten. Es ist genug. — — —

Das Bild ändert sich jetzt. Nebel ziehen vorüber und allmählich bilden sich andere Gestalten. Jetzt wird es klarer. —

Ich erkenne Karmuno und Arvodos Bruder Rusar in einem kleinen Gemach des Schlosses von Nustra. Karmuno ist heimlich dem neuen Vizekönig gefolgt und eifrig spricht er auf Rusar ein. Finster und bleich starrt der Jüngling zu Boden, während der Oberpriester ihn zu überreden sucht. Ich höre jetzt auch die Worte und verstehe sie. Karmuno sagt:

„Fort mit allen Bedenken, ich stehe für den Erfolg. Welch brüderliche Liebe Arvodo für Euch hat, erkennt Ihr aus seinem Tun. Er stiehlt Euch die Liebe Artayas. Oder glaubet Ihr, mir sei fremd geblieben, was Euch bewegt? Die Macht Arvodos, die er seit einiger Zeit über den König ausübt, führt ihn zum erkannten Ziel. Er will König von Mallona werden. Euch machte er jetzt zum Vizekönig von Nustra, denn die Nähe des Bruders ist ihm hinderlich. Er ehelicht Artaya, deren Hand ihn zum Thronerben macht."

Leidenschaftlich fährt Rusar auf: „Das soll er nicht!"

Mit kalter Miene spricht der Priester: „Wollt Ihr es hindern, da Artaya selbst diese Verbindung wünscht und Areval gleichfalls?"

Aufstöhnend seufzt Rusar: „Mich ließ sie glauben, ihr Herz habe sich mir zugewandt und nun —"

„Gefällt ihr der Bruder besser. Nichts Neues, Herr, bei diesem Weibe. Artaya kennt nur sich. Wüßte sie Arvodos Herz für sie entflammt, bald würde sie seiner überdrüssig. Doch so muß sie ihn erobern; sie ruht nicht, bis sie den Mann in ihm besiegt. Er wäre der erste, der sich nicht vor ihrem Lächeln beugte, und das duldet ihre Eitelkeit nicht. Ihr, Herr, wurdet ihr Sklave und solche werden abgetan, sobald man sie nicht mehr braucht."

Rusar knirscht vor Erregung: „Ich werde nie diesem

Weibe ein Sklave sein. Getötet sei die Liebe zu ihr, und nur noch der Haß lebe für sie!“

Karmuno lächelt heimlich und sein Auge blitzt triumphierend. Leise flüstert er Rusar zu: „Ich kenne ein Mittel, wie Ihr Euch an diesem Verrat rächen könnt!“

„Und wie das?“

„Ihr trefft sie, wenn Ihr Arvodo treffen werdet!“

„Er ist jetzt mächtiger als wir alle und — mein Bruder!“

„Euer Herr, der Euch nicht schonen wird, falls es ihm notwendig scheint!“ —

„Welch ein Mittel kennt Ihr?“

Rusar blickt den Priester fragend an, dieser sieht ihm scharf in die Augen und antwortet leise:

„Muhareb lebt!“

Wie von einer Natter gestochen fährt Rusar empor. Voller Entsetzen starrt er den Priester an und stammelt: „Muhareb lebt? Unmöglich!“

„Warum unmöglich?“ —

„Weil mein Bruder vor kurzem von einer Fahrt zurückkehrte, bei der ihm Beweise von Muharebs Tode geworden. Er hat den Mann gesehen und gesprochen, in dessen Armen Muhareb starb!“

„So sagte Euch Arvodo, und Ihr habt ihm geglaubt. Ihr ahntet nicht, daß der Bruder log um seiner geheimen Zwecke willen, die ich durchschaue. Muhareb lebt und ich kenne seinen Aufenthalt!“

„Ihr kennt seinen Aufenthalt? Wo ist derselbe?“

„Herr, man gibt Geheimnisse nicht ohne weiteres kund. Ihr seht, daß Arvodo Euch betrog. Areval fürchtet nicht den toten, doch um so mehr den lebenden Muhareb. Durch Arvodo hat er von dessen Dasein erfahren und Arvodo weiß seine Furcht wohl zu nützen. Jetzt wißt Ihr, wodurch Euer Bruder die Macht über den König besitzt. — Nehmt dem König seine Furcht vor Muhareb und es werden sich dann auch Mittel finden, Arvodo zu stürzen."

„Karmuno, ich kenne Euch, Ihr wißt die Mittel schon und hofft sie anzuwenden. Ihr wart nie ein Freund Arvodos. Ich bin es jetzt auch nicht mehr, — drum sprecht."

„Es ist nötig, daß Muhareb falle oder daß er als rechtmäßiger König anerkannt werde. Wozu würdet Ihr Euch entschließen?"

Vorsichtig fragt Rusar: „Läßt sich das schon jetzt bestimmen? Vielleicht ist weder das eine noch das andere ratsam. Handelt so, daß die Wege offen bleiben."

Erfreut tritt Karmuno auf Rusar zu: „Ich sehe, Ihr versteht mich. Laßt uns Verbündete sein, so werden wir die Geschicke Mallonas lenken! Ergreift jetzt mit fester Hand die Zügel der Regierung. Von mir wird die Priesterschaft des Landes unterrichtet werden, Euch zu unterstützen. Was bei Areval vorgeht, bleibt uns kein Geheimnis. Wenn ich will, haben die Mauern Augen und Ohren. Weder Areval noch Arvodo entgehen diesem Netz."

„Was aber geschieht unterdessen mit Muhareb?"

Karmuno lächelt listig. „Ein Königssohn, der sich vergräbt in der Einsamkeit, wird untauglich für den Thron. Wir brauchen seinen *Namen,* weniger seine Person. Laßt in Nustra zuerst das Gerücht entstehen, Muhareb lebe und sei gesehen worden. Des Vizekönigs von Monna sind wir sicher, er wird unseren Plänen folgen. Auch dort wird Muharebs Name das Ansehen Arevals untergraben, noch mehr dann in Mallona selbst. Werden die Ereignisse uns erst beweisen, wie groß die Macht ist, die Muharebs Name gibt, so werden wir beschließen. Seine Getreuen werden die unseren."

„Auch diesen Bund kennt Ihr?" fragt in unverhohlenem Erstaunen Rusar.

„Dem Oberpriester aller Tempel darf nichts fremd sein. Nicht jedem fällt die Frucht zu von dem, was er gesät hat. Klügere, die zu warten wissen, können die Ernte einheimsen. Arvodo hat daran nicht gedacht, aber er wird es erfahren.“

Rusar hat staunend Karmuno zugehört. In seinen Gedanken bildet sich klar das Bild dieses anscheinend allwissenden Priesters, der den König unumschränkt beherrschte, bis Arvodo diese Macht ihm augenscheinlich streitig machte. Der aber auch für diesen Fall gesorgt hatte und sicherlich ein Netz von Spähern, Vertrauten und Helfern besaß. Er wittert die Gefahr eines Bündnisses mit diesem Manne, erkennt aber auch die Ohnmacht, sich ihm zu entziehen. In einer Art Trotz sagt er: „Und wenn ich nun Arvodo enthülle, was Ihr mir anvertraut, ihm verrate, wovon Ihr Kenntnis habt?“

Kalt lächelnd und ihn bedeutungsvoll ansehend sagt Karmuno kurz: „Versucht's!“

Rusar weiß, Karmuno würde vor keinem Mittel zurückschrecken. Er steht auf, und sich zum Lachen zwingend meint er: „Ich will durch einen solchen Versuch die Freundschaft Karmunos nicht verlieren. Gemeinsames Wissen gibt gemeinsames Handeln. Ich bin bereit dazu.“

IM TEMPEL DER SCHÖNHEIT

Ich bin wieder in Mallona und stehe vor dem Haupttempel des Reiches. Es ist ein überaus prächtiger Bau. Hochragende Säulen umschließen das Hauptgebäude und von jeder der Säulen strahlt eine große Mangafackel. Der Tempel ist wie ein gewaltiger Würfel gestaltet, zeigt keine Fenster und nur ein großes Eingangstor, geschmückt mit Relieffiguren von symbolischer Bedeutung. Über dem Tore sehe ich die Kolossalstatue eines wunderbaren Weibes: die Darstellung der Schönheit, für deren Verehrung einst Maban diesen Tempel erbaute.

Das ganze Gebäude wirkt durch seine Massigkeit. Es ist äußerlich prunklos, jedoch imponieren die Größenverhältnisse, die Säulengänge und der Strom von Licht, der nachts von den Säulen herabfließt und das Gebäude sowie die nächste Umgebung taghell erleuchtet. Ich bemerke, daß der Tempel einen zweiten weit kleineren Würfelaufsatz trägt, der als Altar dient. Hier werden an besonderen Festtagen mächtige Opferfeuer entzündet, und aus der Art des entfachten Brandes verkündet der Oberpriester Karmuno dann das Wohlgefallen oder Mißfallen der Gottheit.

Ich trete durch das große Tor in das Innere des Tempels. Feierliche Stille und Dunkel umgibt mich. Im Hintergrunde sehe ich buntleuchtende Lichter, die das Heiligtum des Tempels schwach erhellen. Dort sind Statuen von vollendet schönen Frauen aufgestellt, die sich alle einem Mittelpunkte zuneigen, der durch ein steinernes Podium mit sechs Stufen angedeutet ist.

Was bedeutet dieser Kreis von Statuen? Mir wird die Antwort:

„Du siehst hier den Kreis der guten Eigenschaften im Menschen dargestellt. Jede einzelne Figur personifiziert eine solche: Die Güte, die Verzeihung, die Nachsicht, die Liebe, die Barmherzigkeit, das Vertrauen, die Tapferkeit usw.

Sie alle beugen sich jedoch dem belebenden Prinzip der Tatkraft entgegen, von dem allein ihr Dasein abhängt. Auf diesem Podium erscheint an Opfertagen die bewegliche Figur eines riesenhaften Mannes, der umwoben von nebelhaftem Dampf aromatischen Räucherwerks sich kurze Zeit der Menge als die höchste Gottheit *Schodufaleb* zeigt. Die umgebenden Statuen sind dann ersetzt durch schöne lebende Frauen, die ohne sich zu rühren längere Zeit in den gegebenen Stellungen verbleiben. — Erscheint der Riese, so werden auch sie beweglich, eilen zu ihm und die ganze Gruppe versinkt dann in den Boden.

Karmuno weiß seinen Pfaffentrug bestens auszubauen und auszubeuten. Dieser Tempel ist nur zu oft Zeuge von Orgien niedrigster Art, die sich in den dunkeln Hallen vollziehen zur Ehre der Gottheit.

Mich zieht die Kraft des Geistes hinauf auf das Podium. Ich betrete es und — versinke. Ich stehe jetzt in einem schwach erleuchteten Gang und komme zu einer hohen Pforte. Sie öffnet sich. Ich gelange in einen größeren Raum, in dem Bewaffnete stehen. Es sind Untergebene Karmunos, Tempelhüter und Diener, die jederzeit bereit sind, auch seine blutigen Befehle zu vollziehen. Dann komme ich zu einer zweiten großen Pforte, auch diese öffnet sich. Ich trete in einen schön geschmückten Raum, in dem einige Priester warten und sich mit Spielen die Zeit vertreiben. Sie halten anscheinend Wache vor einer kleinen, eisenbeschlagenen Tür, denn oftmals richten sich ihre Blicke nach dieser, als erwarteten sie von dort Eintretende.

Für mich ist auch diese Tür kein Hindernis, sie öffnet sich und ich stehe vor einer zweiten. Sechs solcher festen Türen muß ich öffnen, ehe ich in einen weiteren, hell beleuchteten Raum gelange.

Auf erhöhtem Platze thront Karmuno. Im Kreise um ihn sitzen noch elf Priester, Männer in mittleren Jahren, denen Festigkeit und Verschmitztheit aus den Augen leuchtet. Je drei von ihnen bilden den höchsten Priesterstand des von ihnen vertretenen Landes. Ich bin in den geheimsten Tempelrat eingedrungen, der in diesem gesicherten Raume zusammenkommt, um Karmunos Befehle entgegenzunehmen. Dieser spricht jetzt und sagt:

„Höchste Priester des Reiches! Ich grüße euch im vertrauten Beratungszimmer unseres heiligen Tempels. Wir sind hier versammelt als die Hüter des Volkes, als Vermittler der Gottheit und — als Freunde und Vertraute. Laßt uns als solche beraten, was unser Interesse in der nächsten Zeit verlangt. Jeder gebe ungefärbten Bericht, wie es in seinem Lande mit unserem Einfluß steht. Mansor, Höchstpriester von Nustra, beginne du mit deinem Bericht!“

Ein großer Mann von imponierendem Aussehen, scharf gebogener Nase und klugen, doch tückisch blitzenden Augen erhebt sich würdevoll von seinem Sitze und spricht:

„Geliebte Brüder! Nicht viel änderte sich in Nustra, seit wir zum letztenmal hier vereint waren, doch habe ich gute Fortschritte auf dem angewiesenen Wege zu berichten. Das Volk der Nustraner ist leicht zu lenken, sobald man ihm seine Bequemlichkeit läßt. Es hängt am Gewohnten und viele halten deswegen das Alte stets für besser als das Gegenwärtige. Sie schwärmen darum noch ebenso wie früher von Maban und halten ihn für einen Gott, der seinerzeit herniederstieg zum Besten des Volkes. Ihr wißt es, Brüder, wie schwer es uns geworden, an Stelle der leitenden Ideen Mabans

die unseren zu setzen, um die Gemüter des Volkes so zu lenken, wie es unser Interesse verlangt. Nun ist dieses Werk dank der Trägheit der Geister gelungen. Man denkt in Nustra jetzt, wie *wir* es wollen.

Du Höchster unseres Bundes, weiser Karmuno, wolltest, daß Stimmung gemacht werde für Rusar, den neuen Vizekönig. Es ist geschehen! Von den Tempeln des gesamten Nustra aus haben unsere treuen Diener den Willen der Gottheit verkündet, daß Rusar wohlgefällig sei. Dank unseren Vorrichtungen flammten auf den Altären die Opferflammen für ihn hochschlagend und glänzend auf. Rusar, wenn er sich freigebig zeigt und den Ratschlägen dieses hohen Rates folgt, wird glücklicher Herrscher eines glücklichen Volkes bleiben können. Es ist nicht zu fürchten, daß unsere Herrschaft in Nustra erschüttert werde."

Nachdenklich fragt Karmuno: „Die Nustraner reden noch viel von Mabans Sohn, Muhareb?"

„Ein ganzer Sagenkreis hat sich um die Person des Prinzen gewoben. Sein Verschwinden wird nach allen Richtungen hin erklärt. Bald soll er ermordet, bald ertrunken sein, bald soll Dämon Usglom ihn geraubt haben. Bald heißt es, er sei ob der Güte seines Wesens nicht vom Dämon, wohl aber von Anarba, der Schönheitsgöttin entführt und er lebe in ihrem Zaubergarten als Gefangener in jugendlicher Frische. Sein Name genügt, um die Nustraner mit Ehrfurcht zu erfüllen!"

„Es ist gut, wir sprechen später von ihm weiter. Sind alle Stellen des Staates in Nustra noch mit den uns ergebenen Männern besetzt?"

„Sie sind es."

„Ich danke dir. Berichte du nun, Höchstpriester von Monna, wie steht es bei euch im Reiche?"

Ein etwas beleibter Mann, dem die Freude am Genuß von seinem runden Gesicht abgelesen werden kann, erhebt sich und spricht:

„Heil widerfahre stets unserem Tempel und seinen getreuen Dienern. Wenn irgendwo auf Mallona, so steht es gut mit uns im Königreich Monna. Ihr wißt, meine Brüder, daß der Monnor ein Leben des ausgiebigsten Genusses führt, und er jede ernsthafte Arbeit scheut. Gern überläßt er die Zügel der Regierung solchen Männern, die seine Vergnügungen nicht stören. Und da es mir gelungen ist, ihm zu beweisen, daß in den Kreisen unseres Tempels Nachsicht mit seinen Schwächen besteht und wir imstande sind, seine Sorgen für ihn zu tragen, so war der Monnor gern bereit, dem Tempel die größere Last der Arbeit zu übergeben."

„Und du trägst diese Last?" unterbricht ihn Karmuno kalt und forschend.

„Zur Ehre des Tempels hat sein Diener bereitwillig die große Last auf sich genommen, denn es ist eine solche. Mit vollen Händen streut der Monnor Geld unter das Volk. Wer ihm schmeichelt, braucht nicht zu arbeiten. Die Mittel fließen ihm in ungeahnter Menge zu, denn das weiße Rod hat sich in letzter Zeit in unglaublicher Menge in den Feuergegenden unseres Landes vorgefunden, die sich längs des Meeres hinziehen. Er wäre verpflichtet, alles gemünzte Rod der Staatskasse zu übergeben, doch behält er den größeren Teil für sich."

„Wer ist Münzmeister in Monna?" fragt Karmuno.

„Volto, einer der treuesten Diener unseres Tempels."

„Ich weiß. Sein Bruder wurde auf deine Veranlassung Oberaufseher der aus den Bergen gegrabenen Rodschätze. Er liefert jedoch dem Staate nur die Hälfte ab, die andere empfängst du und birgst sie in dem Tempel von Monna."

Diese Worte bringen großes Erstaunen im Kreise hervor. Der fast sprachlos gewordene Höchstpriester stammelt endlich: „Darüber Höchster — wollte ich — gerade berichten — denn deinem Auge entgeht nichts."

„Ich heiße Karmuno, der Weitsichtige", bemerkt trocken der Oberpriester, und scharf betonend sagt er: „Berichte jetzt weiter!"

Monnas Höchstpriester ist eingeschüchtert. Er ist unsicher, wieviel Karmuno von seinem Treiben erfahren hat, das klarzustellen nicht seine Absicht war. Jetzt fühlt er, daß eine Lüge, auf der er ertappt wird, ihm verhängnisvoll werden könnte und entschließt sich darum, nichts zu verschweigen. Mit sicherer Stimme fährt er fort:

„Im Tempel sind große Schätze aufgehäuft, von denen Areval nichts weiß, die jedoch dem Tempelrate zur Verfügung stehen, sobald darüber beschlossen wird. Es ist auch Geheimnis geblieben, daß der Tempel eine besonders reichhaltige Grube für sich ausbeutet, deren Funde mit Hilfe Voltos und seines Bruders nur uns zufließen."

„Wo nimmst du die Arbeiter her?" fragt Karmuno.

Den Oberpriester prüfend ansehend, meint der Gefragte: „Höchster, du weißt es."

Karmuno nickt und sagt: „Rede um der andern willen."

Anfangs zögernd, dann zuversichtlicher fährt der Berichtende fort:

„Es ist jetzt ungefähr eine Jahrung her, daß in Monna eine Sekte, deren Treiben wir eine nicht allzuhohe Bedeutung beigelegt haben, sich plötzlich stark und für uns gefährlich auszubreiten begann. Ich erinnere die Brüder daran, daß es sich um Leute handelte, die da behaupteten, unser Tempel der Schönheit sei ein Herd des Lasters. Die ihm innewohnende hohe Bedeutung, zu sein unter Maban eine Stätte der Erhebung, sei entweiht, denn die Priesterinnen des Tempels seien feile Dirnen geworden. Ihr wißt, daß wir beschlossen haben, solche Gerüchte und schändliche Verleumdungen auf das strengste mit dem Tode zu ahnden.

Da geschah es nun, daß in einem kleinen Orte ein Mann aufstand und behauptete, die Gottheit, die alljährlich sichtlich in unserem Tempel erscheint — und ihr meine Gefährten zweifelt doch alle nicht daran, da sie von euren Augen doch oft gesehen worden — —," (ein zynisches Lächeln und spottend beifällige Bewegung erfaßt bei diesen Worten die Versammlung)

„— — wäre noch niemals tatsächlich in des Tempels Mauern eingedrungen. Denn sie wohne nicht in den von uns selbstgemachten Steinhaufen, sondern in des Menschen Brust. — Suchet die Gottheit *in* euch, reinigt euch selbst, den ureigenen Tempel der Gottheit, seid selbst die Priester inneren Heiligtums — so lautete die neuerwachende Lehre. Sie fand reißend schnell unter der ärmeren Klasse Anhänger und bereitete uns, den eigentlichen, wahren Priestern, bald Feindschaft und Ungehorsam. Heimliche Versammlungen wurden von den neuen Anhängern abgehalten. Der Prophet zog im Lande umher und wurde von den Anhängern geschützt und verborgen. Die Unzufriedenheit mit uns drohte in offene Rebellion auszubrechen, wäre die gefährliche Sekte nicht mit den Wurzeln ausgerissen und vernichtet worden.

Ich bin zufrieden, hier berichten zu können, daß das gelungen ist. Durch Späher wußte ich bald, wo die Versammlungen abgehalten wurden. Ich ließ sie trügerischer Sicherheit sich erfreuen und eines Tages hoben die getreuen Truppen des Monnor diese Verräter samt ihrem Propheten aus ihren Nestern aus. Keiner ist dem Tempel entgangen. Sie graben als dessen Sklaven in der Feuergegend Monnas nach dem unschätzbaren Rod. Das sind die Arbeiter, nach denen der erleuchtete Oberpriester fragte!"

Diese Rede findet allseitigen Beifall. Nustras Höchstpriester fragt noch: „Was geschah mit dem schändlichen Verleumder und Aufrührer?"

Gleichgültig antwortet sein Kollege: „Er wurde vor kurzem verbrannt!"

„Und ist die Gefahr in Monna *ganz* beseitigt?"

„Ganz! Seitdem die Höhlen des Dämons Usglom die Eiferer beherbergt, ist jedermann von ihrer Schändlichkeit überzeugt. In Monna herrscht wieder *Ruhe* und die frühere *Gläubigkeit.*"

Die Versammlung ist außerordentlich zufrieden mit dem Gehörten. Karmunos stechendes Auge fliegt von einem zum andern. Schweigen entsteht in dem weiten Raume, das leise Gemurmel des Beifalls verstummt, als er sagt:

„Brüder, es ist billig, daß die Schätze, die im Landestempel von Monna sich anhäufen, nicht dort vermodern. Jeder Höchstpriester hat Anteil daran, wie auch die ihm nächststehenden zwei Unterpriester. Wir werden später über deren beste Verwendung beraten. Seid ihr es so zufrieden?"

Freudig begeisterte Zurufe erschallen, die das Heil der Gottheit Schodufaleb auf den erleuchteten Oberpriester aller Lande herabwünschen. Karmuno hat die Seelen der Anwesenden wiederum mit Ketten an sich geschmiedet. Er kennt die Habsucht und deren Macht. —

„Höchstpriester von Sutona, berichte jetzt du", sagt Karmuno sich setzend, und alsbald legt sich die freudige Stimmung.

Aus der Reihe der Priester erhebt sich ein Mann, dem geistige Bedeutung aus dem Antlitz leuchtet. Ruhig, undurchdringlich, fast maskenartig erscheinen seine Züge. Dieser Mann beherrscht sich vollkommen; sein Mund könnte lachen, während sein Herz blutet. Unbesiegbare Willenskraft sehe ich aus den dunklen, meerestiefen Augen leuchten. Ein langer Bart umkräuselt das edel geschnittene Profil mit dem feinen, festgeschlossenen Mund. Wie er sich mit ruhigem Anstand erhebt, fällt mir seine königliche Gestalt auf. Fürwahr, das ist ein Mann, dessen Äußeres ihn würdig eines Thrones scheinen läßt. Er spricht jetzt langsam mit wohllautender Stimme:

„Nichts Neues habe ich diesem hohen Kreise zu berichten. Was sollte sich auch Neues ereignen bei den Sutonen, diesem Bergvolke, das um hundert Jahrungen zurücksteht gegen Mallona, Nustra und Monna? Das Volk hängt an dem, was es durch uns erhielt, es will nichts anderes und ist zufrieden."

Karmuno hat den Sprecher etwas mißtrauisch beobachtet und fällt ihm jetzt in die Rede:

„Wir wissen, daß der Sutor ein Riese am Körper ist, doch ausgestattet mit dem Gehirn eines Kindes. Die Erfahrung lehrt, daß auch Kinder widerspenstig werden und sich gegen ihre Eltern auflehnen. Hast du das in Sutona nie erfahren?"

„Nie Höchster, und werde es in Sutona nie erfahren!"

Der Sprecher weiß in den Ausdruck seiner Stimme eine solche Fülle vollster Überzeugung zu legen, daß diese Worte jeden Zweifel an solcher Möglichkeit sofort ersticken. Karmuno betont nur scharf: „Du wachst doch über das Volk und den Sutor?"

Das Auge voll dem Oberpriester zuwendend, sagt der Gefragte mit imponierender Ruhe und Sicherheit:

„Ich wache, Höchster, und werde wachen!"

Karmuno neigt das Haupt. Auch die andern Priester lassen aus ihren Bewegungen erkennen, daß sie augenscheinlich Sutona als minderwertig und ungefährlich betrachten. Der Höchstpriester Sutonas setzt sich nieder.

Karmuno erhebt sich jetzt und flüstert dem rechts sitzenden Priester, seinem vertrauten Schreiber, einige Worte zu. Dieser entnimmt einer Mappe eine Anzahl pergamentartiger Papiere. Dem links sitzenden Priester gibt er anscheinend einen Befehl, worauf dieser dem Ausgange zugeht. Er überzeugt sich, daß die verschiedenen Türen wohl verschlossen sind und kein unberufener Lauscher hören kann, was Karmuno dem Kreise mitzuteilen beabsichtigt. Er kehrt mit der Meldung völliger Sicherheit zurück. Gespannt blicken die Priester auf Karmuno, dessen Mienen ihnen wichtige Mitteilung versprechen. Er sagt:

„Edle Brüder und Vertraute, erleuchtete Höchstpriester unserer Lande! Ihr habt gehört, daß anscheinend Ruhe und Frieden herrscht auf allen Teilen Mallonas. Ihr wißt, daß Unruhen und Auflehnungen gegen unsere Lehren — die die Gottheit selbst uns offenbarte, damit die Völker friedvoll leben können — von uns gestraft und unterdrückt wurden. Es ist besser, einzelne Verderber gehen gänzlich zugrunde, als daß diese den Sinn der Völker vergiften.
Ich erinnere daran, daß mein Geschlecht unter Mabans Regierung selbst Verfolgungen erdulden mußte, weil dem sonst großen Könige es nicht gut erschien, daß es im Rate der Priester die Überzeugung vertrat: dem Mittler zwischen Gottheit und den Menschen gebühre unbedingte Glaubenswürdigkeit und seinen Worten unbeschränkte Gesetzeskraft. — Als eine große Priesterschar sich dieser weisen Lehre anschloß, verbannte uns Maban. Areval rief uns zurück und sehet — glücklicher Friede ruht auf den Landen, seitdem wir neben dem Könige stehen, der in uns seine treuesten Gefährten, in mir seinen aufrichtigsten Berater fand.

Zeichen der Zustimmung werden gegeben. Karmuno fährt fort:

„Soll es auch in Zukunft also bleiben? Ich sehe an euren Mienen, ihr alle wünscht es und auch ich bin dieser Meinung. Doch sehet, es lauert eine Gefahr hinter uns. Die Vernichtung unseres Glückes ist nicht mehr weit, wenn wir nicht einig sind wie bisher, um das Verderben zu bannen. Darum hört:

Ihr alle wißt, daß König Areval bei der Einführung

Rusars mir, dem Höchstpriester, die Oberhoheit durch den euch bekannten Spruch versagte. Ich forschte nach der tieferen Ursache seines Tuns und fand den wahren Grund. Zwei Worte nur und ihr erkennt die Größe jenes Unheils, das uns droht:

Muhareb lebt!"

Eine Explosion kann nicht lähmendere Wirkung hervorrufen als diese Nachricht. Nur der Höchstpriester von Sutona zeigt keine Spur von Erregung. Ausrufe des Erstaunens, des Schreckens, erregte Fragen rufen einen Wirrwarr von Lauten hervor, in dem die harte Stimme des Oberpriesters unhörbar wird. Als sich die Aufregung legt, fährt Karmuno fort:

„Der Königssohn, dessen Name die Nustraner noch heute nur mit Ehrfurchtschauer hören, die ihm also mit Leib und Seele gehören würden, falls er die Kraft dazu entfaltet, sie an sich zu ketten — er lebt! Er könnte Areval die Königsmacht entreißen, denn sie gehört ihm, dem einst verschwundenen Thronerben. Doch Dank der Gottheit, Schodufaleb hat es so gefügt: Muhareb scheint uns nicht gefährlich, wohl aber Areval! Hört, was ich erkundet habe:

Als Einsiedler unbekannt und dürftig, lebte Muhareb am Meeresgestade. Er hat entsagt. Seinen Schlupfwinkel erkundete ich. Ich ließ ihn suchen und unsere getreuen Diener des Tempels sollten ihn unbemerkt gefangen nehmen. Doch sein Wohnort ist leer, wie ich selbst gesehen. Verschwunden ist er von dort, mir unbekannt wohin. Er muß gefunden werden und ich werde ihn finden, überlaßt das mir. Nicht fürchte ich, daß er wieder nach der Herrschaft strebt, er hätte dann solches schon früher tun müssen. Schlimmer ist jedoch, daß Areval weiß, sein Bruder lebt. Das Bewußtsein, schuldlos zu sein an Muharebs Tode, gab Areval die Kraft zurück und damit die Widerstandsfähigkeit gegen uns. Darum jene Nichtachtung gegen mich, darum ist uns der letzte Sieg erschwert, dem wir schon so nahe waren.

Wir aber wollen anstelle des Königtums die geistige Vollherrschaft des Tempels setzen! Regiert der Geist, den *wir* pflegen und als das Beste anerkennen, so gebührt seinen Vertretern auch die äußere Macht. Die Welt sei untertan unserem Geiste, nicht umgekehrt. Muharebs Name diene uns dazu, diese Herrschaft zu sichern. Klug geleitet, wird die erwachte Unzufriedenheit gegen Areval wachsen, wenn das Volk hört, daß Muhareb lebt! Doch wohlgemerkt, er lebe nur solange er uns dienlich sei, er vergehe, sobald er Herrscherlust beweist.

Hier, nehmt diese Blätter, sie enthalten die Anweisungen, die jeder in seinem Lande erfüllen muß. Werden sie so ausgeführt, wie es angegeben, wird der Sieg nicht fehlen. Ein jeder lese eifrig und in Ruhe heute Abend und vollführe, was das Blatt ihm sagt. Wir werden uns morgen zur Sitzung hier wieder vereinen und fest beschließen, was dem Tempel nottut. Seid Ihr es zufrieden?“

Allgemeine Zustimmung ertönt von allen Seiten. Lebhaftes, eifriges Gemurmel durchschwirrt den Raum längere Zeit. Karmuno läßt die erregten Gemüter sich beruhigen, verläßt dann seinen Sitz und spricht verschmitzten Angesichts:

„Ihr seid ermüdet, Brüder, und bedürft der Erholung. Ich schließe darum die Sitzung!“

Wieder Zustimmung und zufriedenes Lächeln der Anwesenden. Karmuno drückt an einer Verzierung der Wand. Ein Teil schiebt sich zurück und zeigt einen geheimen Ausweg. Er und die Priester schreiten in den Gang hinein und gelangen durch eine weitere Anzahl von Türen in einen weiten, kostbar ausgestalteten Raum. Reichgedeckte, mit Speisen geladene Tische laden zum Genuß, weiche Polster zur Ruhe ein.

Jetzt öffnet sich ein Nebengemach und eine Schar bildschöner Mädchen strömt lachend und scherzend den Priestern entgegen. Es sind die „Göttinnen“ des heiligen Tempels der Schönheit. Der wohlverwahrte, sichere Raum ist der Liebesgarten seiner Priester, die da opfern ...

SUTORS HEIMFAHRT

Auf dem Bahnhof von Nustra, einem Zentralpunkt der in Nustra einmündenden Straßen für die bekannten Wagen, geht es recht lebhaft zu. Die Vizekönige von Monna und Sutona verabschieden sich von Rusar, um in ihre Residenzen zurückzukehren. Königsbesuche auf unserer Erde zeigen nicht weniger Formalitäten und Prunk als hier. Ich sehe Soldatenreihen und glänzendes Gefolge der Herrscher, Beamte und Neugierige, die sich um den Bahnhof von Nustra drängen. Schienen gibt es hier nicht, aber viele Schranken ziehen sich durch die Halle, zwischen denen die Wagen ungehindert ein- und ausfahren können. Der ganze Verkehr ist ebenso geregelt wie auf einem Bahnhof der Erde. An einer besonders geschützten Stelle steht eine lange Reihe gedeckter Wagen. Es sind die Hofzüge der Vizekönige.

Soeben ist der Monnor in seinen geräumigen Wagen eingestiegen, nachdem er sich von Rusar und dem Sutor verabschiedet hat. Musik ertönt und unter Heilrufen fährt zuerst ein Zug von drei Wagen, dann der Monnor in seinem Prunkwagen und schließlich eine Reihe von sechs Wagen, in denen sich das Gefolge befindet, zu der Halle hinaus. Der Zug schlägt die östliche Richtung ein und wird bald an das Meer gelangen, das infolge einer langen, durch Brücken verbundenen Inselreihe kein Hindernis bietet, den Kontinent Monna zu erreichen.

Rusar spricht lebhaft mit dem Sutor. In einiger Entfernung sehe ich die majestätische Gestalt des Höchstpriesters von Sutona. Letzterer ist noch spät abends von den priesterlichen Ratsitzungen aus Mallona eingetroffen, um seinen Herrscher nach Sutona zu begleiten. Er ist umgeben von Priestern höheren Grades von Nustra und spricht ruhig mit dem Landes-Höchstpriester.

Jetzt entsteht wiederum Bewegung, der Augenblick der Abfahrt naht heran. Der Sutor verabschiedet sich von Rusar und besteigt seinen Wagen. Dieser ist eine Art Salonwagen, der etwas Bewegung erlaubt, mit Sitzen und Klapptischen ausgestattet ist und nach allen Seiten freie Aussicht gestattet. Geschützt sind Seiten und Vorderwand durch einen glasartigen Stoff, der biegsam gleich dem Glimmer ist. Der Stoff ist ein fremdartiges, durchsichtiges, unzerbrechliches Produkt, das unser Glas zu ersetzen imstande ist. Der Wagenführer befindet sich auf hohem Rücksitz, vor Windzug geschützt durch einen Schirm glasartigen Stoffes. Er kann infolge einer aufgeschlagenen Haube nicht in das Innere des Wagens sehen, jedoch durch Hebel und allerlei Vorrichtungen denselben bequem leiten.

Der Sutor wendet sich nun zu dem Höchstpriester seines Reiches. Eine Handbewegung deutet ihm an, den Königswagen zu besteigen. Der Sutor wendet sich nochmals zu Rusar, umarmt ihn und folgt. Jetzt setzt Musik ein, Winken mit den Händen von allen Seiten, Zurufe und Geschrei. Langsam fährt die Wagenreihe zur Halle hinaus, sich jedoch bald südlicher wendend, ebenfalls dem Meere zu.

Etwa eine Stunde nach unserer Zeitrechnung mag der Zug des Sutor unterwegs gewesen sein. Mir fällt auf, daß sich sein Wagen von den andern sehr absondert. Der Vor- und Nachtrab hält einen bedeutenden Abstand vom königlichen Wagen ein: Bei derartigen Reisen eine besondere Anordnung des Sutors, der möglichst unbehelligt von seinem Gefolge bleiben will. Die beiden Insassen saßen sich bisher schweigsam gegenüber, gleichgültige Blicke auf die bewohnte Landschaft werfend. Jetzt sind die Ansiedlungen immer geringer geworden und die Reisenden können sicher sein, daß neugierige Blicke sie nicht weiter belästigen. Vor entgegenkommenden Wagen ist der Sutor sicher, denn bei derartigen Königsfahrten sind die Wege von Station zu Station für den allgemeinen Verkehr solange gesperrt, bis der Herrscher vorübergefahren ist.

Der Sutor wendet sich nun zu seinem Höchstpriester und sagt freundlich: „Genug jetzt des Zwanges. Wir sind auf dem Heimwege nach Sutona und dürfen uns wieder unserer Menschenwürde erinnern. Lege Deine Maske der Unnahbarkeit ab, mein Curopol. Sei wieder Freund, nicht Priester!"

Als hätten diese warm gesprochenen Worte einen Bann gelöst, schwindet das maskenartige Aussehen im Antlitz des Höchstpriesters. Die bisher kalt und unergründlich scheinenden Augen nehmen einen Ausdruck der Milde an, der festgeschlossene Mund lächelt. Die ganze Gestalt dehnt sich und mit seiner klangvollen tiefen Stimme sagt dieser wunderbare Mann: „Sobald ich Sutona verlassen muß, erstarre ich in meinem Innern zu Eis. Erst dein Wort läßt die Heimatsonne wieder aufleuchten!"

„Geht es mir anders, Curopol? Wohl uns, daß wir Sutonen unberührt blieben von dem Knechtessinn der andern, die wir verließen. Schodufaleb bewahre uns vor ihnen!"

Düster und ernst blickt der Angeredete auf den Sutor und schweren Tones klingt es von seinen Lippen:

„Schodufaleb ist unseren Bitten taub geworden. Auch Sutona rettet nicht mehr, was dem Verderben preisgegeben wird. Wir gehen an uns selbst zugrunde."

„Ich weiß es", antwortete der Sutor, „und wir verdienen es nicht besser! Mein Aufenthalt dort in den Landen hat mich wieder mit Ekel erfüllt. Ein Pesthauch, ein Moderduft und Fäulnisgeruch steigt dort empor, wo jeder Sinn für höheres Streben erstorben ist. — Sie lachen über uns und begreifen nicht, daß Ehrfurcht vor der Gottheit uns noch einen inneren Wert gibt, den sie längst verloren haben. Und daß der kraftvolle Sutone auf Mallona noch allein ein reines Blut in seinen Adern rollen fühlt, unverdorben durch Lüste und Leidenschaften!"

„Ja, unverdorben wohl, aber auch unfähig, den Feinden seiner Reinheit ein donnerndes Halt entgegen zu rufen. Einst war der Sutone gefürchtet durch sein kraftvolles Handeln, so melden unsere Gesänge und alten Überlieferungen. Er duldete nicht das Böse, ehrte die Gottheit und deren Walten. Von dieser Höhe ist er herabgesunken. Kraftvoll ist noch sein Körper, aber schwach sein Wille. Würdest du es wagen, Sutor, Areval mit deinen Untertanen entgegen zu treten, um die geistigen Güter Mallonas zu schützen? Du verneinst. Du weißt so gut wie ich, daß der Untergang unseres Volkes sicher sein würde, denn der Sutone ist heute nicht mehr zu fürchten, sobald er von seinen Bergen steigt.

Zwar schützen uns die Bergriesen des Heimatlandes vor den räuberischen Einfällen der Nachbarn, aber wenig würde ein Kriegszug der Unsrigen von Erfolg sein können. Der Sutone verdorrt leicht in den milden Ebenen, er läßt sich bald einfangen von den schmeichelnden Klängen der Lust. Im Lande ist der Sutone noch heute mächtig, die Gewalt der Berge hält seine Seele rein. Steigt er herab von seinen Bergen, so wird er bald entnervt und ein Schwächling. Abgeschlossenheit ist darum noch das einzige Mittel, unser Volk zu erhalten. Bleiben wir dabei, solange es Schodufaleb gefällt und — solange er das Verderben über uns noch nicht hereinbrechen läßt."

Ernst hat der Höchstpriester Curopol die letzten Worte betont und zustimmend fragt der Sutor:

„Was hat die Sippe denn Neues beschlossen, um das Verderben, das du schon lange ahnst, zu beschleunigen?"

„Herr, Karmuno ist der verkörperte Dämon Usglom, der in der Tiefe lauert, sonst hätte sein Hirn nicht so Ungeheuerliches erdacht. Schon längst herrscht der Tempel in allen Landen und maßt sich alle Gewalt im Weltall an. Karmuno hat langsam die Lehre verbreitet, daß nur durch die Höchstpriester die Gottheit auf Mallona sich darstelle; daß sie nur ihnen sich kundgibt und alles Sterbliche nur dem Willen gehorchen müsse, der durch den Priester spricht. Jetzt will er die Herrschaft über alle Gemüter weiter festigen. Er gebietet, daß jeder Sterbliche sich einen Priester erwähle, dem er alle seine Bitten und Wünsche, seine Taten und Gedanken anvertraue, damit er sie dem Höchstpriester überbringe und dieser der Gottheit zur Entscheidung vorlege. —

Welch riesenhafter Plan das ist, begreifst du schnell. Nichts wird auf Mallona mehr geschehen können, was Karmuno nicht erfährt. Gewissenszwang, Verdummung, Knechtschaft des Geistes zu erzwingen, wird bald die Arbeit dessen sein, der berufen wäre, das Licht der Gottheit in den Herzen zu entzünden. Karmuno hat vortreffliche Regeln erfunden, wie der Priester am leichtesten sein Ziel erreicht. Freudig werden die Vorschriften ausgeführt werden, denn sie sichern die Herrschaft jedes einzelnen in seinem Kreis, und zugleich hohe Belohnung bei strenger Ausführung!"

„Und wie wirst du, Curopol, diese Regeln ausführen?"

Ich werde ihnen das Gift zu nehmen wissen, die Spitzen abbrechen und sorgen, daß die Sutonen bleiben, was sie bisher gewesen, mögen sie darob körperlich zugrunde gehen. Ich bin und bleibe Sutone, nicht Sklave Karmunos!"

„Schodufaleb schirme dein Beginnen! Ich werde

dich wie stets bisher mit Freuden unterstützen. Was hast du sonst noch erfahren im Priesterrat?"

„Karmuno verkündete, daß Muhareb lebt: eine Nachricht, die uns schon lange bekannt, die er jedoch für seine Zwecke ausnutzen will. Er denkt die Gemüter durch diese Tatsache gegen Areval aufzureizen und nach Belieben zu lenken."

„Muhareb strebt nicht nach dem Königsthron."

„Er weiß es und nur deswegen wagt er dieses Spiel."

Nachdenklich fragt der Sutor: „Hast du Upal, den Orofinder, gesprochen und gesehen?"

„Nein, Herr. Upal ist verschwunden. Niemand, selbst seine Eltern wissen nicht, wo er sich aufhält. Ich fürchte darum Gefahr für die Alten und bin besorgt um dieses Kühnen Schicksal. Er ist der einzige, der das fürchterliche Geheimnis der Herstellung des Explosivstoffes Nimah besitzt, das einst sein Urahn erfand und Maban anvertraute. Seitdem wird dieses Staatsgeheimnis bewahrt und nur im Falle des Bedarfes darf es von ganz Vertrauten hergestellt werden. Möge Schodufaleb es verhüten, daß wir einst Upal zu uns rufen müssen, unser Land zu verteidigen." —

Nach einer längeren Pause der Schweigsamkeit richtet sich der Sutor auf und fragt:

„Wie denkt die Priesterschaft über den edlen *Numo,* der in Monna lehrte und es wagte, die Wahrheit über den Tempel zu sagen?"

Zögernd antwortet Curopol: „Herr, es ist gekommen, wie ich fürchtete. Alles Edle wurde vernichtet, die Wahrheit erstickt und vertrieben. Nur Lüge, Trug und Sklaventum hat auf Mallona noch Aussicht auf Erfolg. Bosheit triumphiert überall und darum ist auch gewiß das Strafgericht nicht mehr fern. Wie und wodurch es eintrifft, weiß nur die Gottheit; doch auch uns wird es treffen, denn wir sind alle teilhaftig an der großen Schuld."

„Du weichst mir aus, Curopol! Antworte, was wurde mit dem edlen Numo?“

Leise und bewegt tönt die Antwort: „Sie haben ihn verbrannt!“ —

Wie von einer Giftschlange gestochen, fährt der Sutor auf: „Verbrannt, Numo, diesen Edlen, dessen Mund nur Wahrheit spricht, dessen Herz für alles Gute schlägt, den Freund der Armen und Bedrückten, — getötet? O elende Menschheit, schmachvolle Priester, die das Beste erwürgen, nur um sich selbst zu dienen! Die dem Laster folgen, Bosheit ausüben, die Gottheit verhöhnen, — Fluch diesen Henkern! — Curopol, ich fasse nicht, was du sagst, ist es auch wahr?“

„Es ist wahr“, tönt es leise.

Aufstöhnend wirft sich der Sutor in die Kissen des Wagens und Tränen rinnen über seine Wangen. Es dauert lange, bis er sich gefaßt hat. Dann wendet er sich zu Curopol und sagt leise:

„Ich empfinde jetzt klar die Wahrheit deiner steten Prophezeiungen, daß das Strafgericht naht. Mit Numo starb der letzte Versuch der Gottheit, das Verderben von Mallona abzuwenden. Die Völker sind versumpft, die Gemüter erstorben. Das Gute ist erstickt; das Böse triumphiert. Die Pest herrscht auf Mallona, Fäulnis und Tod! Kein frischer Windhauch vertreibt ihren erstickenden Atem und wir, — wir stürzen gleichfalls ins Verderben. An uns selbst gehen wir zugrunde. Wir sind zu schwach, dem weichenden Tag zu folgen. Willkommen denn Nacht, bedecke uns mit deinen Schleiern, vernichte, töte uns!“

Des Sutors letzte Worte werden zum Flüstern. Curopol schaut mit tiefem Weh im Herzen auf seinen Herrn und Freund. —

Der Wagen hat unterdessen die Meeresküste erreicht. Kühne Brückenbauten schwingen sich von einer Insel zur andern und führen die Reisenden nunmehr dem

Heimatlande Sutona zu. Starres Felsengewirr bildet einen Kranz um die Küste von Nustra; bequeme Schlupfwinkel für Boote, die etwa bei Sturm die Wogen des Meeres fürchten. Doch kein Segel ist zu sehen, kein Schiff, denn die hochgewölbten Brückenbauten verbinden die Kontinente leichter und gefahrloser.

Gerade fährt des Sutors Wagen auf einem Bogen, der in gewaltigem Schwung vom letzten Felsen Nustras aus das Meer nach Sutona hin überspannt, da schießt hinter einem zerrissenen Block ein Schiff hervor, in dem drei Personen sitzen. Curopol sieht es. Eine unwillkürliche Bewegung zu dem Sutor hin läßt diesen aufblicken. Auch er erblickt das Schiff und erschrickt. Curopol weist nach dem hinter Felsen verschwindenden Fahrzeug, und schwer atmend stößt er hervor:

„Muhareb, Upal! Mit ihnen naht die Rache!“

REBELLION

In den Schilderungen der somnambulen Hellseherin, die gleichsam das Vergangene neu erlebte, indem sie die geschauten Ereignisse in die Gegenwart zurückversetzte, trat nach dem letzten Bilde eine Stockung ein.

Es war deutlich an dem Mienenspiel zu beobachten, daß sie wohl Ereignisse sah, jedoch schwieg sie beharrlich über das Geschaute. Endlich teilte sie in abgerissenen Sätzen einige Begebenheiten mit, verbot jedoch Niederschriften darüber zu machen, bis sie selbst solche verlangen würde. Nach einigen Tagen, als inzwischen Versuche öfters fortgesetzt worden waren, erzählte sie folgendes:

Schreibt jetzt wieder, was ich gesehen habe. Es sind fürchterliche, unglaubliche Ereignisse, deren Zeuge ich gewesen bin. Wollte ich alle Einzelheiten schildern, man würde mir nicht glauben und mich verspotten. Ich sage daher nur Allgemeines über das, was sich damals ereignet hat:

Vorzüglich hatten Karmuno und seine Priestersippe es verstanden, das Gerücht von Muharebs Rückkehr zu verbreiten. Er wurde als der Sohn Mabans gepriesen, der die Eigenschaften des Vaters geerbt habe und das Reich wieder zur höchsten Blüte bringen könnte. Die Hoffnung auf bessere Zeiten fand eine um so dunklere Beleuchtung, als bekannt geworden war, daß Areval sich frei machen wolle von jeder Beeinflussung des Tempels, dem gerade Maban eine so hohe Bedeutung verliehen hatte.

Die auftretenden Gerüchte, der rechtmäßige Herrscher Muhareb sei wiedererschienen, fanden anfangs Unglauben. Namentlich Rusar wollte nicht an diese

Möglichkeiten denken, trotzdem Karmuno ihm doch persönliche Mitteilung über diese Tatsache gemacht hatte. Er kannte jedoch den Oberpriester zu gut. Seine offen ausgesprochene Absicht, sich des Namens von Muhareb für seine Zwecke zu bedienen, ließen ihn vermuten, er habe eine Person gewonnen, die für Karmuno die Rolle des wiedergekommenen Fürsten spielen sollte. Als jedoch eines Tages Upal vor Rusar erschien und ihn nicht nur über den wirklichen Muhareb aufklärte, sondern auch über die Absichten seines Bruders Arvodo, da übermannte der Zorn den Getäuschten und er schwur dem Könige wie dessen Feldherrn fürchterliche Rache.

Er drang in Upal, ihm den Schlupfwinkel zu nennen, an dem sich Muhareb jetzt verborgen hält. Upal tat es, und plötzlich ward Muhareb von Rusar mit grossem Gefolge überrascht und ihm als rechtmäßigem Könige gehuldigt. Als Rusar ihn in der kleinen Hütte am Meere aufgefunden hatte und den ehrwürdigen Mann staunend betrachtete, fragte er ihn zögernd: „Bist du Muhareb, Mabans Sohn?“ Mit der Würde des selbstbewußten Mannes, der die ihm gebührenden Ehren erwartet, antwortete dieser einfach: „Ich bin es.“ Dabei ruhte sein Auge durchdringend auf Rusar. Und als dieser sich vor ihm beugte, um seinem rechtmäßigen König und Herrn zu huldigen, da wehrte es Muhareb nicht, sondern nahm die Huldigung entgegen. Schweigend folgte er dem Vizekönig. Muhareb hatte den Arm auf die Schulter seines jungen Begleiters gestützt und willig stieg er mit diesem und Rusar in den Prunkwagen, der sie nach Nustras Hauptstadt führte.

Ich habe Muhareb im königlichen Schmuck gesehen, der kostbare Stirnreif schmückte seine Stirn, der Ring glänzte an einem Finger der rechten Hand. Eine überwältigende Majestät ging von seiner Person aus und berückte das Volk von Nustra, das ihm begeistert huldigte. Alle Ehren wurden ihm zuteil; er wohnte im Palast Rusars, doch blieb er wortkarg und seinem Auge war es anzusehen, wie wenig sein Herz von all dem Glanze berührt wurde.

Dann sah ich Muhareb umgeben von einer großen Volksmenge. Die Großen von Nustra waren versammelt und Abgesandte von Monna und Mallona; Muhareb sprach vor diesen lang und eindringlich gleich einem Propheten, der erfüllt ist von seiner göttlichen Sendung. Er warnte das Volk vor seiner Genußsucht und Verweichlichung. Er bewies ihm das Hinfällige des irdischen Glanzes und die Notwendigkeit des Strebens nach unvergänglichen geistigen Gütern. Er erklärte, daß er nicht gekommen sei, um Ungehorsam gegen seinen Bruder zu predigen, sondern Gehorsam gegen die Gottheit und deren Ordnung. Diese Ordnung habe jedoch das Volk schon längst verlassen. Und er als Königssohn, der die irdische Macht niederlegte, um geistige zu gewinnen, wolle die Wege zeigen, wie jeder zu diesem letzten Ziel des Lebens gelangen könne.

Die Rede war von machtvoller Wirkung. Das Volk war ergriffen und wenig fehlte, so hätte es Muhareb als den sichtbaren Vertreter der Gottheit Schodufaleb angebetet. Muhareb jedoch ermahnte zum Insichgehen und Nachdenken über das von ihm Gesprochene. Jede weitere Ehrung wies er entschieden zurück.

Ich sah nun Karmuno, der verkleidet und unerkannt dieser Rede zugehört hatte, im Priesterrate Nustras. Er erklärte, daß der Tempel die von Muhareb erweckte Strömung jetzt benutzen müsse, um das Volk noch fester an den Tempel zu ketten wie bisher. Zu diesem Zwecke sei zunächst nötig, die Reden Muharebs zu unterstützen. Er muß gehört werden, damit dann gehandelt werde, wie das Interesse des Tempels es erfordere. Anderen Tages predigten die Priester im Reiche

Nustra Buße und suchten das gläubige Vertrauen der Einwohner nach dem Haupttempel von Mallona zu richten, in dem die Gottheit sichtbar throne.

In Mallona sah ich König Areval und Arvodo. Beide waren über Rusars Huldigung auf das höchste erbittert. Areval befahl, die Nustraner als Rebellen zu behandeln, falls sie ihm nicht Muhareb auslieferten. Den Nustranern fiel es jedoch nicht ein, der Aufforderung Folge zu leisten. Rusar berief sich seinem Bruder gegenüber auf den seinem sterbenden Vater geleisteten Eid.

Arvodo begriff nicht, weshalb Muhareb sich damals am Meeresgestade zu dem weigerte, was er augenscheinlich in Nustra jetzt willig tat: nach der Herrschaft Mallonas zu streben. Wurde Muhareb Herrscher, so fiel Areval und mit ihm der Feldherr. Er stachelte darum Areval gegen seinen Bruder auf und bald rüstete sich das Heer Arevals zum Kriegszuge gegen Nustra.

Muhareb schauderte, als er von dem Rachezuge hörte. Wußte er doch, mit welch entsetzlichen Mitteln Areval Tod und Verderben durch das fürchterliche Sprengmittel Nimah verbreiten konnte. Upal war bereit, das sorgsam gehütete Geheimnis seines Urahns, die Herstellung des Nimah, Muhareb anzuvertrauen, um Gewalt mit Gewalt niederzukämpfen. Muhareb wollte aber kein Blutvergießen. Er hatte andere Ziele als die der Macht. Er gab Upal die nötigen Befehle und eines Tages war Muhareb verschwunden. Das Luftschiff Upals hatte ihn ungesehen mit seinem jungen Begleiter entführt.

Der schlaue Karmuno verhielt sich gänzlich teilnahmslos. Er billigte nur Arevals Anordnungen und sagte sich, daß er durch den Feldzug am ehesten die ihm so unbequemen Brüder vernichten und Areval in seine Gewalt bekommen würde. Er kannte genau die überreizten Nerven des innerlich immer noch kranken

Königs und wußte, daß es nur eines günstigen Anstoßes bedürfe, möglichst in Abwesenheit Arvodos, um ihn wieder gänzlich zu beherrschen. Dieser Augenblick kam.

Die Höhlen des Wirdu hatten in letzter Zeit nicht mehr die Ausbeute gegeben wie sonst. Areval hatte die Besorgnisse der Beamten, die den starken Rückgang als den Staatskassen gefährlich ansahen, dem Feldherrn und Vertrauten Arvodo mitgeteilt. Dieser beruhigte den König und erzählte ihm von Upals Entdeckungen, die er selbst gesehen. Seit jener Zeit fühlte sich Areval als der Besieger des schätzehütenden Dämon Usglom, dessen Haß gegen sein Geschlecht er nicht mehr zu fürchten brauche. Er hegte trotz inneren Grauens das Verlangen, die unermeßlichen Schätze zu sehen und Arvodo versprach ihm das.

Arvodo glaubte zwar, die einsame Bucht, von der aus ein Gang in das Innere der Erde führte, auch ohne weitere Hilfe vom Meere aus zu finden. Dennoch fehlte ihm Upal mit seinem Luftschiff als der sichere Führer. Er ließ ihn deshalb suchen, fand ihn jedoch nicht. Er ließ die Eltern kommen, und als diese wahrheitsgemäß erklärten, von seinem Aufenthalt nichts zu wissen, ließ er die Alten ins Gefängnis werfen. Zornig gab er bekannt, daß Upal, der Orofinder, wo man ihn fände, als ein Ungehorsamer gefangen zu nehmen sei.

Dieser Befehl empörte die Getreuen, zu denen auch Upal gehörte, die bisher in Arvodo ihren verbrüderten Oberen erblickt hatten. Außerdem wurde Upal als ein Begünstigter der Gottheit angesehen, da er sonst nie den Orostein gefunden haben würde. Gegen Arvodo entstand infolgedessen eine drohende Stimmung, von der wiederum Karmuno bald Nutzen zu ziehen wußte. Er schürte den aufsteigenden Haß, als der Feldherr die Hauptstadt verließ zum Zuge gegen Nustra.

Nicht weit vom Königssitz an den Ufern des Sees

befand sich der herrliche Landsitz Arevals, wohin er flüchtete, um völlig Ruhe zu genießen. Hier fühlte er sich sicher, denn bei Strafe der Arbeit in den Höhlen des Wirdu durfte sich kein Unberufener diesem lauschigen Ruhesitz nähern. Areval lustwandelte mit seiner Tochter Artaya in den einsamen Parkanlagen des Landsitzes. Kein Diener begleitete sie. Gänzlich sicher fühlte sich Areval hier, denn der weite Park war mit einer hohen Mauer umgeben. Sie waren zu einem klaren Teich gelangt, den hohes und dichtes Gebüsch umschloß. Hier pflegte Areval oder Artaya manchmal zu baden. Neben dem Weiher befand sich ein größerer Rasenplatz, umgeben von undurchdringlichen Büschen.

Als beide die Wiese besichtigen wollten, stutzten sie. Mitten auf dem Platze stand die fremdartige Flugmaschine Upals, und als sie näher traten, rauschte es in den Sträuchern. Heraus trat die hohe Gestalt Muharebs, neben ihm sein junger Begleiter. Auge in Auge standen sich die Brüder gegenüber: Areval bleich und mit fliegendem Atem. Muhareb in würdevoller Geistesgröße, das dunkle Auge wehmütig auf den König gerichtet.

„Ich bin gekommen, dich zu warnen, Bruder", tönte es eindringlich von Muharebs Lippen. „Du verfolgst mich, der ich nicht dein Feind bin. Du sandtest deinen Feldherrn aus gegen deine rebellischen Untertanen, wie du meinst. Doch nicht diese sind zu strafen. Sie sind im Irrtum, glauben sie in Nustra, ich strebe nach dem Throne. Mein Versuch galt, ihre Seelen zu retten, wie ich die deine retten möchte. Drum laß ab vom Blutvergießen, rufe Arvodo zurück!"

„Arvodo zurückrufen!" höhnte der König, „fein und schlau gedacht! Unterdessen gewinnt Rusar Zeit, alle Pässe des Gebirges zu besetzen. Nustraner spotten meiner Macht. Ich traue dir nicht, der du in den Höhlen des Wirdu wohnst und mit Usglom, dem Todfeinde des Stammes Furo ein Bündnis schlossest, um mich zu verderben."

„Nichts liegt mir ferner als dein Verderben, Bruder! Vergeben und vergessen habe ich das Vergangene. Den Thron, den du jetzt einnimmst, begehre ich nicht. Fedijah ruht im Reiche Usgloms, seine Schätze umgeben sie, versöhnt ist er mit Furos Stamm! Fedijahs Geist fordert Versöhnung zwischen uns."

Bei Nennung dieses Namens zuckt Areval zusammen. Seine Augen erweitern sich, sein Atem stockt. Er sieht wie irre umher und flüstert hastig: „Fedijah ruht im Reiche Usgloms, ich weiß es von Arvodo. — Sie fordert Versöhnung — sagst du — von mir? —"

Muraval, der junge Begleiter Muharebs, sah mitleidig auf den verängstigten König. Und als hätte dieser Blick magnetische Gewalt, wandte sich Areval dem Jüngling zu. Als sich die Augen beider begegnen, schrie Areval auf, taumelte zurück und stützte sich auf die ihm nahestehende Artaya.

„Muhareb, wer ist der Jüngling dort? Aus seinem Antlitz leuchten mir Fedijahs Augen entgegen. So blickte sie mich an, als sie mich abwies, so verfolgt mich noch heute ihr Blick in meinen Träumen und im Wachen. Wer ist dort jener mit Fedijahs Augen?"

Eisern, schwer und ruhig antwortet Muhareb:

„Dein und Fedijahs Sohn! Ich habe ihn erzogen, ich bringe ihn dem Vater! Er ist der Erbe dieses Königreiches, — dein Sohn!" —

Als hätten Keulenschläge den König getroffen, so wuchtig wirkten diese Worte. Areval stürzt unter deren Wirkung zusammen, sein krankes Hirn konnte das Gesagte nicht gleich fassen. Die einst verscheuchten Wahngestalten sah er wieder auftauchen, sie standen in greifbarer Gewalt vor ihm. Eine wahnsinnige Angst erfaßte ihn. Gewaltsam raffte er sich auf und schleuderte dem Bruder die Worte entgegen:

„Du lügst, Scheusal, das nur gekommen ist, um mich zu verderben! Du treibst ein Gaukelspiel mit mir, ein Blendwerk, das ich vernichte. Arvodo, gib mir dein Schwert! Die Gestalten, die du getötet, leben wieder auf. Ich selber will sie töten!"

Hastig riß Areval sein Oberkleid auf, unter dem verborgen er stets ein kurzes Schwert trug, zerrte es hervor und schleuderte die Waffe gegen den ruhig dastehenden Jüngling. Er traf nur zu gut. Des Schwertes Spitze grub sich tief in Muravals Brust. Laut schrie auch Artaya auf, als ein Blutstrom hoch aufspringend der Brust des Jünglings entquoll, der zusammenbrechend von Muhareb und Upal aufgefangen wurde ...

Areval starrte geistesabwesend und erstarrt auf den Sterbenden, während Artayas Hilferufe gellend den Park durchschallten. Von weitem antworteten laute Rufe. Die wachsame Dienerschaft eilte herbei. In wenigen Augenblicken mußte sie am Orte sein. Da faßten Muhareb und Upal den leblosen Körper des Jünglings, trugen ihn schnell zum Luftschiff und legten ihn behutsam in die Gondel nieder.

Schon hörte man die Diener durch die Büsche brechen, um schnell Artayas Hilferufen zu folgen, da erhob sich das Luftschiff. Und Muhareb, hoch aufgerichtet, fürchterlichen Antlitzes, die Augen voll Schmerz und Grimm auf den König gerichtet, donnerte diesem zu: „Fluch dir, König Areval und den Deinen! Allvaters Zorn erwürge dich, den Sohnesmörder!" —

Schnell erhob sich das Luftschiff und entschwand. Areval brach ohnmächtig zusammen. —

Als Rusar hörte, daß sein Bruder mit einem Heere herannahe, um ihn und die Nustraner für den Abfall zu züchtigen, blieb er nicht untätig. Schnell wurden die Gebirgspässe besetzt, die von Mallona nach Nustra führten. Es war unmöglich, nach den Ebenen Nustras hinabzusteigen, bevor nicht die wenigen gangbaren und nur die eine fahrbare Straße in den Händen des Feindes war.

Rusar wußte, mit welch fürchterlichen Sprengmitteln Arvodos Heer ausgerüstet worden, und daß er nur dann erfolgreichen Widerstand leisten könne, wenn der Übergang des Gebirges vereitelt wurde. Von den Höhen konnte auch er mittels Schleudermaschinen gewaltige Sprengkörper auf den Feind hinabsenden, wenn auch diese nicht die allbewältigende Kraft des Nimah besaßen. Die Herstellung desselben war Staatsgeheimnis Arevals geblieben. Nur die mildeste Form war bekannnt und wurde als Triebkraft für Maschinen allgemein benutzt. Die stärkere Wirkung kannten nur hohe Staatspersonen, die fürchterlichste Sprengwirkung jedoch, die einstens Maban angewandt hatte, blieb geheim.

Bald standen sich die Heere Rusars und Arvodos gegenüber, doch vermochte keines Erfolge zu erringen. Wirksam wurden die rechtzeitig besetzten Höhen verteidigt, denen sich zu nahen die Mannschaften Arvodos nicht wagten. Andere Mittel mußten angewandt werden, Nustra zu züchtigen, doch standen die notwendigen Maschinen nicht sogleich zur Verfügung. Sie mußten erst in den Staatswerkstätten hergestellt werden und so verging viel tatenlose Zeit, währenddem in der Hauptstadt Mallona sich entscheidende Dinge ereigneten.

KARMUNO SIEGT

Areval war durch die heftige Erschütterung seiner Nerven völlig zusammengebrochen: durch den Fluch des Bruders und den Mord seines eigenen Sohnes, der eine Frucht seines verbrecherischen Anschlages auf die damals gewaltsam entführte Fedijah war. Nun kam die Zeit, in der Karmuno ihn wieder wie früher völlig beherrschte. Den Dienern hatte Karmuno bei strengster Strafe verboten, von dem Vorfall im Parke nur ein Wort zu reden. Nur Artaya kannte den Vorfall und hatte ihn Karmuno berichtet. Dieser wußte ihr sofort klar zu machen, wie sehr ihr Interesse verlangte, darüber zu schweigen, daß vielleicht ein Thronerbe vorhanden, dessen Tod ungewiß sei.

Wohin hatten sich aber Muhareb und Upal gewandt? Das zu erfahren war dem Oberpriester wichtig, ebenso ob Muraval nur eine schwere Verwundung erhalten oder tot sei. Er vermutete Muharebs Zufluchtsort am Meeresgestade und wurde in dieser Ansicht bestätigt, als Areval ihm die Entdeckung Arvodos von den wunderbaren Schätzen in den Höhlen des Wirdu berichtete.

Sogleich gab er Befehl, daß eine größere Anzahl der getreuesten Tempeldiener — die längst verlernt hatten, sich vor Göttern, Dämonen und Allvater zu fürchten — sich bereit mache, in die Höhlen des Wirdu zu dringen, um dem Zufluchtsorte Muharebs einen Besuch abzustatten. Unter seiner Führung gelangten sie vom Meere aus zu dem kleinen Paradiese. Sie fanden die einstige Wohnstätte des Königssohnes, aber sie war leer! Nichts verriet, daß sie in letzter Zeit bewohnt worden sei. Auch der Gang in das Innere des Berges wurde gefunden, die Stätte, an der einst Fedijahs versteinerter Körper gelegen; doch leer war auch diese Grotte, keine Spur der einstigen Naturkostbarkeiten mehr vorhanden.

Düsteren Blickes und ahnungsvoll ordnete jetzt Karmuno an, tiefer in die Höhlen des Wirdu einzudringen. Zahllose Mangafackeln wurden aufgestellt, die die gewaltigen Höhlen taghell erleuchteten. Die noch sichtbaren Spuren im feinen Sande zeigten deutlich, welcher Weg einzuschlagen war; er führte zu all den Stellen, die einst Upal dem Arvodo gezeigt. Doch leer war es auch hier. Herausgebrochen war der kostbare Orostein, das weiße Rod; kahles Gestein, geborstene Felsen starrten überall, keine Schätze des Dämons Usglom winkten.

Karmuno fand auch die Stelle, wo das Luftschiff Upals gestanden hatte. Er sah hinauf in den Riesenkamin, der nur mittels einer solchen Maschine zu erreichen war und mußte sich sagen, daß die oben befindlichen Schätze vorläufig auch ihm unerreichbar blieben. Wut im Herzen, mußte er unverrichteter Sache mit den Seinen umkehren. Er verwünschte den schlauen Upal, der, wie er sicher annahm, ihm zuvorgekommen war. Karmuno mußte seinen Ingrimm niederkämpfen, gegen diese Tatsachen half nichts als Geduld.

Areval wütete, als Karmuno ihm mitteilte, daß weder von Muhareb noch den Schätzen auch nur das Geringste zu finden sei. In seinem kranken Gehirn brütete er einen Gedanken aus, der ihn immer mehr beherrschte, bis er sich endlich zu einem furchtbaren Befehl aufraffte.

Er wurde von dem Glauben besessen, daß sein Bruder sich mit dem Dämon Usglom zu seinem Untergange verschworen habe. Daß darum Usglom die Schätze nur in größere Tiefen versenkt habe und daß im Inneren der Berge Muhareb mit Usglom hause, um ihn und sein Haus zu verderben. In fürchterlicher Wut rief er eines Tages: „Ersäufen will ich beide, denn ich bin der Herrscher von Mallona, mir gehört diese ganze Welt! Herr bin ich der Oberwelt wie der Unterwelt. Usglom, du alter Feind meines Stammes, ich vernichte dich!" —

Er gab Befehl, man solle die Felsen mit Nimah sprengen und das Meer hineinleiten in die Höhlen des Wirdu. So wolle er Usglom und Muhareb, den Erbfeind und den Thronfeind besiegen. —

Karmuno versuchte ihn vergeblich davon abzubringen. Die Wahnsinnsidee war stärker. Schließlich gab Karmuno nach, denn er glaubte, daß dieses Beginnen von keinen größeren Folgen sein würde, als daß die Höhlen sich mit Wasser füllen würden. Heimlich hoffte er jedoch, daß der König bei dem vermeintlichen Sieg über Usglom seinen Untergang finden würde.

Artaya litt stark unter der Tyrannei ihres Vaters. Nur sie und Karmuno duldete er um sich. Unwillkürlich schloß sie sich dadurch dem Höchstpriester näher an, der es verstand, sie zu bedauern und ihr Ratschläge gab, wie sie den Anfällen des Königs am besten begegnete. Weiter wußte er Arvodo hinzustellen als einen Mann, der nur selbstherrschen wolle durch sie, der ihr das Zepter entwinden würde und nicht daran denke, sie an der Herrschaft teilnehmen zu lassen.

Alle diese heimlichen Einflüsterungen ließen sie viel darüber nachdenken, ob es nicht besser sei, des Höchstpriesters Weib zu werden, dessen Macht und Einfluß sie sehr wohl kannte. Karmuno, gewandt in allen Künsten, huldigte der Schönheit Artayas. Und da das Fest der Schönheit nahte, an dem stets das schönste Mädchen für eine längere Zeit als sichtbare Göttin der Schönheit gefeiert wurde, ließ er durchblicken, daß Artaya vielleicht in seinem Priesterreiche den Sieg erringen könnte. Das eitle Geschöpf wurde berauscht von dem Gedanken, diesen Preis erringen zu können, der als das Höchste auf Mallona galt, zu dem ein Weib emporgehoben werden konnte.

Karmuno war nun seiner Beute sicher. Den kranken König zu gewinnen, fiel ihm leicht. Arvodo wurde durch sein Heer am Gebirgsfuße festgehalten, keine Nachricht von dem Geschehenen gelangte zu ihm. Am Tage des großen Opferfestes der Göttin der Schönheit ward Artaya der Schönheitspreis zuerkannt. Karmuno erhielt die Hand der Prinzessin. Der Tempel triumphierte.

Fern am Meeresgestade aber ertönten wuchtige Hammerschläge zur Herstellung der Minen, deren Sprengung dem Meere einen Zugang in die Höhlen des Wirdu verschaffen sollte ...

SUTONA

Das Medium hatte die Erzählung des Geschauten beendet und erklärte, weitere Bilder nicht mehr berichten zu können. Als es nun den Ring in gewohnter Weise an die Stirne legte, begannen jedoch die Darstellungen wieder derartig, als sei es persönlich bei den Geschehnissen gegenwärtig.

*

Mich zieht die Kraft, der ich den Anblick von Mallona verdanke, nach dem Süden des Planeten, wo das große Reich der Sutonen liegt. Ich überfliege das Meer von Nustra aus und gelange zu der kühnen Kunststraße: eine ungeheure Brücke, deren Bogen sich von Insel zu Insel schwingen, bis das Festland Sutona erreicht wird. Teilweise lernte ich diesen Weg kennen, als ich den Sutor auf seiner Fahrt begleitete.

Jetzt taucht das Festland von Sutona auf. Eine weite öde Strandfläche, sodann folgt ein unbewohnter Landstrich, halb Wüste, halb Steppe. Der Boden wird hügelig. Verschiedene Ortschaften erkenne ich. Jetzt bemerke ich einen breiten, ruhig fließenden Strom, der seine Wässer dem Meere zutreibt. Eine große Stadt liegt an diesem Strom. Ein ungewohnter Anblick überrascht mich hier. Ich sehe Schiffe. Die Sutonen benutzen den Fluß als Straße für größere Lasten, auch Flöße treiben auf dem breiten und tiefen Strom. Im Süden erkenne ich mächtige Bergkuppen, eine Fahrstraße zieht sich nach dort hin. Ich folge derselben und bald umgibt mich eine Gebirgslandschaft, die immer imponierender wird. Die Berge steigen zu einer gigantischen Höhe, die Gipfel sind umsponnen von Wolkenschleiern.

Die in der Steppe fast unerträgliche Hitze wird immer mehr gemildert durch einen kühlen Südwind, der von dem unabsehbaren südlichen Gebirge niedersteigt.

Die gewaltigen Gebirgsmassen treten immer näher zusammen. Der Weg zieht sich durch ein breites Tal. Zu meiner rechten Seite fließt schnell der Fluß, auf dem von gewandten Sutonen geführt die Schiffe gleiten. Jetzt naht sich die Hauptstadt, aufgebaut in einem Talkessel. Den Hintergrund bilden schnee- und eisbedeckte Riesenberge einer Alpenwelt, wie sie auf Erden nicht zu schauen ist und gegen die die schneebedeckten Berge des Grenzgebirges von Mallona und Nustra ein Nichts sind.

Entgegen der raffiniert verfeinerten Lebensweise der anderen Erdteile erblicke ich die Gebäude der Hauptstadt von Sutona in einfacher Bauart. Unzweifelhaft ist zu erkennen, daß deren Bewohner den praktischen Lebensbedürfnissen mehr Rechnung tragen als dem Vergnügen und Wohlleben.

Immer tiefer zieht es mich ins Land. Die Hauptstadt liegt hinter mir. Der Fluß braust nun stürmend über Felsblöcke und verliert sich seitwärts in einem Tale, während ich der immer schmäler werdenden Fahrstraße folge. Wilde Felsgruppen überdachen oft die Straße; Wasserfälle stürzen bald rechts, bald links von bedeutenden Höhen herab. Menschenleer ist die ganze Gegend, kein lebendes Wesen stört die Majestät dieser erhabenen Natur.

Jetzt öffnet sich das Tal. Ein höherer Bergeskegel erhebt sich plötzlich, umgeben von unübersteigbaren Bergriesen, und auf diesem Berge erstrahlt im hellen Sonnenschein ein gewaltiges, wie von Cyklopenhänden aufgebautes Schloß, das drohend hinablugt in das weite Land. Das ist *Ksontus* Schloß. Hier werde ich den Sutor wiederfinden und werde erfahren, was aus Muhareb geworden ist.

In einer hohen, weiten Halle mit großen Fensteröffnungen sehe ich den Sutor an einem mit Papieren belegten Tisch sitzen. Curopol, der Höchstpriester und Vertraute steht neben ihm und reicht ihm Schriften, die er zeichnet und zurückgibt. Jetzt ist diese Arbeit beendet und der Sutor fragt:

„Welche Nachrichten brachte der Bote aus Mallona?"

„Herr, Karmuno hat gesiegt. Er ist Erbe des Thrones. Artaya wird sein Weib. Er ordnete im Namen des Tempels an, daß eifrig nach Muhareb gesucht werde und setzte eine Belohnung für den aus, der sichere Kunde bringt!"

„Wie steht es um Muhareb?"

„Wie immer, Herr, seht selbst!"

Curopol weist auf eine verschlossene Tür, geht zu derselben und schiebt den Teppich etwas zur Seite. Der Sutor folgt und blickt hindurch.

Er sieht Muhareb an einem hohen Bogenfenster stehen, von dem aus der Blick frei in das Tal und auf die herrliche Gebirgslandschaft schweifen kann. Das Gemach ist nicht sehr groß, doch hoch und luftig. Unbeweglich steht die ehrwürdige Greisengestalt. Die Augen sind den Wolken zugewendet und schimmern im Glanze der Verzückung, die Hände sind fest auf die Brust gepreßt. Kein Zweifel, Muhareb ist in seinem Geiste nicht auf Ksontus Schloß, er lebt in den fernen Regionen unirdischer Freiheit, wohin der Körper noch nicht folgen kann.

Nachdem die beiden ernst und mitleidig den unbeweglichen Greis betrachtet haben, wendet sich der Sutor ab. Curopol läßt den schweren Teppich niederfallen und spricht gedämpften Tones:

„So steht er lange Zeiten Tag und Nacht am Fenster, seitdem Upal ihn und den toten Jüngling herbrachte. Nur manchmal steigt er hinab zur Gruft, in der die Körper Fedijahs und Muravals ruhen. Er spricht nicht, ißt und trinkt nur das Notwendigste und dennoch ist sein Geist nicht tot. Er lebt in besseren Regionen und wird dort ewig leben, wenn hier die Rache wütet."

„Wo ist Upal?"

„Er hat den letzten Flug nach Mallona unternommen. Er wird uns Kunde bringen von dort. Möglich, daß wir ihn noch heute sehen. Ich fürchte, er wird uns schlimme Nachricht bringen."

„Warum fürchtest du das?"

„Weil ich sicher glaube, daß Karmuno längst die Höhlen des Wirdu untersuchen ließ, um nach Muhareb zu suchen; daß die Geheimnisse Upals ihm bekannt sind und er entdeckt haben wird, daß Upal rechtzeitig die Schätze des Wirdu an sich nahm. Wohin soll Muhareb geflohen sein, wohin soll ihn Upal gebracht haben? Erhält Karmuno nicht durch die Priester von Nustra und Monna Nachricht, so weiß er, daß nur in Sutona die Flüchtigen zu suchen sind. Es ist unmöglich, daß sich das Flugschiff lange in den oberen Königreichen ungesehen verbergen kann.

Karmuno weiß, daß Upal alles wagen wird. Nicht lange, so segeln weitere Flugschiffe durch die Lüfte. Um den Widerstand der Nustraner zu brechen, hatte Arvodo den schnellen Bau von Luftschiffen gefordert, damit diese durch niederfallendes Nimah die Verteidiger der Pässe töten. Gleich Upal werden sich andere Verwegene finden. Gereizt durch hohen Lohn werden diese vollbringen, was Karmuno befiehlt. Sind wir auch sicher hier vor Verrat?"

„Hier im alten Schlosse Ksontus lebt kein Verräter. Upals Vorsicht schätze ich, der Wege einzuschlagen weiß, auf denen niemand den Verwegenen sieht."

„Allvater gebe, daß es stets so bleibe!" antwortet Curopol, nimmt die unterzeichneten Papiere, grüßt und entfernt sich.

Es ist Nacht geworden. Wer jemals im Hochgebirge unserer Erde war, weiß, welch ein magischer Zauber sich in den warmen Sommernächten über ein Gebirge breitet, das im Mondenschein erglänzt. Weiße zarte Nebel steigen in phantastischen Gestalten, Geisterzügen ähnelnd, aus den Schluchten auf, ringen sich empor zu den Höhen und verschwinden im dunklen Äther. Die Stille des Weltalls breitet sich aus über die schlummernde Natur; ein tiefes Schweigen herrscht in den Bergen. Das ungewisse Mondlicht läßt Einzelheiten nicht erkennen und täuscht dem auf einsamen Wegen dahinschreitenden Wanderer oft allerhand Erscheinungen vor, die bei näherer Betrachtung zu nichts verfallen. So ist es auch hier.

Im Rücken des Schlosses steigt die voll beleuchtete Scheibe des einen Mondes hervor. Ein zweiter Vollmond steht etwas höher. Die Sichel des dritten Mondes steht im Westen. Jetzt sehe ich, wie an der höherstehenden Mondesscheibe eine Figur vorüberzieht, ähnlich einem lateinischen T. So muß sich Upals Flugschiff in weiter Ferne ausnehmen. Auf dem Turme des Schlosses regt sich der Wächter. Auch er hat die Erscheinung bemerkt und meldet es dem vertrauten Diener des Sutor.

Ich sehe, daß auf der breiten Plattform des Schlosses Vorbereitungen getroffen werden. Mangafackeln leuchten auf. Jetzt blitzt aus der Höhe ein Lichtstrahl, dann noch einer. Es ist ein Signal, das Upal gibt. Eine längere Zeit der Erwartung vergeht, da hört man in den Lüften ein erst leises, dann stärker werdendes Rauschen. Das Luftschiff senkt sich langsam herab und steht alsbald ruhig und fest auf der Plattform.

Der Gondel entsteigen Upal und zwei in Mäntel gehüllte Männer. Curopol hat sich eingefunden und begrüßt Upal. Dieser weist auf seine Begleiter und rasch begeben sich die vier in das Innere des Schlosses.

In einem hell erleuchteten Gemache ruht auf einem Diwan der Sutor. Schnell tritt Curopol mit Upal herein. Der Sutor springt erregt auf und begrüßt ihn. „Herr“, redet ihn Upal an, „ich bringe noch zwei Männer mit mir, deren Antlitz Ihr sicher nicht zu sehen dachtet. Hier sind sie!“

Curopol führt die Männer herein. Als sie die gesenkten Häupter erheben und helles Licht ihnen ins Antlitz leuchtet, erstaunt der Sutor, denn vor ihm stehen Arvodo und Rusar!

„Herr, wir sind Flüchtlinge, Verlorene, wenn du uns nicht schützest“, sagt mit bewegter Stimme der Feldherr.

„Wie ist das möglich?“ fragt staunend der Sutor. „Beide seid ihr hier, die feindlich gesinnten Brüder? Was ist geschehen, was tat Areval?“ —

„Nichts!“ antwortet finster Rusar, „doch um so mehr Karmuno. Wir sind die Opfer seiner List!“

„Erzählt, wie alles kam!“ ruft der Sutor aus.

„Sollen wir die Berichterstatter eigener Schande sein? Laß Upal reden, er weiß wie sich die Dinge aneinander reihten“, wehrte Arvodo ab.

Auf ein Zeichen des Vizekönigs berichtet Upal nun:

„Herr, der Feldherr hatte mich gesucht und meine alten Eltern gefangen gesetzt, als diese nicht aussagen konnten, wo ich wäre. Als jedoch Arvodo auszog gegen Rusar, ließ er sie frei. Ich hatte das erfahren und darum machte ich mich auf nach Mallona, die Alten in Sicherheit zu bringen. Verkleidet kam ich nach der Hauptstadt, die im Glanze des großen Opferfestes schwelgte. Mir war es ein Totenfest: Meinen alten Vater fand ich gestorben, die Mutter lag im Sterben.

Ich kann nicht trauern, sondern muß mich freuen, daß Allvater sie in Schutz genommen, da meine Kraft dazu nicht ausreichte. Sie starb am Tage vor dem Opferfeste und am selben Tage noch ward sie begraben.

Ich durfte nicht zögern, denn Karmunos Späher lauerten, mich abzufassen, falls sie mich erblickten. Darum mußte ich den Händen guter Freunde die letzten Liebesdienste überlassen.

Am Tage des Opferfestes wurde Artaya zur Schönheitskönigin erkoren. Karmuno krönte sie und noch denselben Tag ward sie sein Weib. Areval bestätige Karmuno als den Erben seines Reiches und ließ vom Feldherrn seinen Ring abfordern, der ihm die gleiche Königsmacht gewährte. Listig hatte Karmuno in Nustra überall verbreiten lassen, daß den Nustranern Verzeihung würde, wenn sie sich freiwillig am Tage des Opferfestes unterwürfen. Das Volk, erfreut, den Schrecken eines Krieges zu entrinnen, war damit gewonnen und in dem Heere Rusars schwand der Kampfesmut. Als Karmuno Erbkönig war, wurde das Heer Arvodos zurückgerufen. Den Nustranern wurde Verzeihung angeboten und Rusar als Vizekönig seines Amtes entsetzt, da er zuerst das Schwert zog gegen Areval und sich Muhareb beugte.

Arvodo trotzte zornig dem Befehl zur Heimkehr, denn er wollte dem listigen Höchstpriester die Krone streitig machen. Doch der Gehorsam ward ihm versagt, und Arvodo wurde so ein Feldherr ohne Truppen. Beide Brüder mußten fliehen, beide geächtet durch Karmunos List. Auf der Höhe des Gebirges trafen sich die Brüder. Sie konnten sehen, wie sich die Truppen, die sie einstens befehligten, verbrüderten und nach Mallona zogen, dem neuen Erbkönig zu huldigen. Der Krieg war aus, bevor er noch begonnen.

In Mallona ist noch Seltsames geschehen. Areval — in dem Wahn, Muhareb lebe noch in den Höhlen des Wirdu — ließ einen Zufluß sprengen, um die Höhlen unter Wasser zu setzen. Es sollte ein großes Fest gefeiert werden, das den Sieg des Stammes Furo über den Todfeind Usglom bedeutet."

Erschreckt fragt Curopol: „Hat er es ausgeführt?"

„Er hat es ausgeführt. Hart ist der Felsen, doch dem Nimah muß er weichen. Dort wo einst Muhareb lebte und sich die Gänge in das Innere ziehen, hat man einen schmalen Kanal gesprengt und dem Wasser Einlaß gegeben."

„Die Wahnsinnigen!" murmelt Curopol, „und die Folgen solchen Tuns?"

„Sie waren erst nur gering. Areval war zufrieden, daß ein kleiner Fluß vom Meere sich ergießt in Ugloms Reich und feierte den Sieg durch ein Fest, wie es nie zuvor geschehen. Es heißt, daß seit diesem Tage Arevals Geist umnachtet sei, er wird nicht mehr gesehen. Karmuno herrscht allein im Reiche. Ein Priesterkönig ist jetzt Herrscher. Möge es Mallona nur gedeihlich sein!"

„Wann war das Fest?" fragt der Sutor.

„Vor drei Tagungen!"

„So kurze Zeit erst! War auch die Sprengung am selben Tag?"

„Nein, Herr, sie war am Tage zuvor, doch fürchte ich, sie wird noch böse Folgen haben."

„Wie das?"

„Noch einmal habe ich die Höhlen besuchen wollen, um die letzten Kostbarkeiten aus dem Schlot zu holen. Doch ich konnte nicht eindringen. Als ich mich dem Berge nähern wollte, quollen Dampf und giftige Gase aus dem Kamin. Unmöglich war die Einfahrt. Auch bemerkte ich, daß die ganze Kratergegend lebhafter arbeitete als bisher. Der Zufluß, den die Sprengung geschaffen, hat sich erweitert und aus dem Berge selbst, dort wo das Meereswasser eindringt, strömt heißer Dampf hervor. Ich hörte es zischen tief im Inneren des Berges.

Usglom ergibt sich nicht so schnell! Ich floh darum diese Gegend, die ich aufsuchte, um einen Stoff zu sammeln, dessen ich zur Herstellung des Nimah noch bedarf. Und da ich wußte, ich finde ihn auch am Meeresgestade des Grenzgebirges, eilte ich im Flugschiff dorthin. Ein Glücksfall ließ mich die Brüder dort finden. Ich nahm sie auf und kam so mit beiden nach Sutona."

„Ihr suchet Freistatt?" wandte sich fragend der Sutor an die Brüder.

„So ist es, gewährst du sie uns?"

„Gewiß, doch wißt ihr selbst, mein Schutz ist engbegrenzt. Nicht offen könnt ihr hier verweilen. Aber verbergen kann ich euch und auf Ksontus Schloß seid ihr gesichert!"

„Ihr seid es nicht, wenn Allvaters Hand euch nicht schirmt!" tönt eine eindringliche Stimme vom Eingang des Gemaches her. Alle blicken erstaunt dorthin und sehen Muhareb in der Türöffnung stehen. Seine hohe Gestalt ist gebeugt, sein Gang, als trüge er eine schwere Last. Upal eilt auf ihn zu, ihn zu stützen, und er nimmt dankbar lächelnd seine Hilfe an. Vor Arvodo bleibt er stehen, sieht dem Feldherrn ernst ins Antlitz und sagt in vorwurfsvollem Tone:

„Wohin hat Ehrsucht dich geführt? Du bautest auf deine Kraft, vertrautest Versprechungen. Wußtest du nicht, daß Leidenschaft der Grund nicht ist, auf dem der Weise baut? Wo ist die Ehrbarkeit, die Kraft des Wortes, die Pflichterfüllung, Mitleid, Vertrauen und Glauben an den Vater alles Seins geblieben? — Erloschen, verstummt ist das Empfinden in der Brust für Güte, Wahrheit und Ehrlichkeit. Wer betrügt, der siegt nur so lange, bis auch den Sieger der Betrug zerstört. Du hast es erfahren und gingst daran zu Grunde, wie unser ganzes Volk daran zu Grunde geht. Die Stunde der Vergeltung naht, sie ist schon da!"

In diesem Augenblick ertönt ein unheimliches fernes Donnern, anhaltend und tief grollend. Ein leises Zittern, das jeder deutlich empfindet, geht durch den Erdboden. Das Rollen verschwindet und erschreckt sehen sich die Anwesenden an. Nur Muhareb bleibt unberührt, reckt sich plötzlich hoch auf und ruft glänzenden Auges aus:

„Allvater, Du rufst mich. Ich soll das letzte Elend nicht mehr schauen. Die Geschlechter hier sind verderbt, sie gehen zu Grunde, sie waren Deiner Liebe nicht mehr wert. Du hast versucht, sie aufzurütteln, aber sie schliefen. Du straftest sie mit einem Herrscher, wie sie ihn verdienten, doch spürten sie die Geißel nicht und blieben träge. Du knechtest sie durch jene, die sich Deine Priester nennen und siehe, die Finsternis, die diese rings verbreiten, tut ihnen wohl. Sie wollen nicht das Licht und bemühen sich, es zu ersticken. Nun ist die Langmut erschöpft, die Strafe naht und anderen wird gegeben werden, was Du in reicher Fülle hier ausstreuen wolltest. — Auch Dein Diener ist matt geworden, denn der letzte reine Mensch, Muraval, den ich erzog in Deinem Dienst, ist tot. Nichts hält Deinen Zorn nunmehr zurück. O nimm mich auf, laß mich das letzte Gräßliche nicht schauen!“

Muharebs Stimme erstarrt zu einem leisen Flüstern. Sein Antlitz glänzt wie im überirdischen Lichte. Die Augen nach oben gerichtet scheint es, als sehen diese eine andere, schönere Welt. So bleibt er starr, hochaufgerichtet, wortlos eine kurze Zeit. Plötzlich atmet er tief auf, seine Züge erschlaffen, sein Körper fällt zusammen. Upal fängt ihn auf und läßt ihn sanft zu Boden gleiten. Die Anwesenden treten näher. — Muhareb ist tot!

DAS ENDE MALLONAS

Ich sehe die Hauptstadt Mallona. Ungeheure Aufregung des Volkes kann ich beobachten. Der ganze südwestliche Horizont ist von dicken Rauchwolken eingenommen, aus denen es tief rotglühend aufblitzt. Ein immerwährendes leises Zittern des Erdbodens, ein dumpfes, unterirdisches Grollen, dem oft stärkere Stöße folgen. Verschiedene hohe Gebäude sind eingestürzt.

Eine große Menschenmenge umsteht den königlichen Palast Arevals und stößt Verwünschungen gegen den König aus, der den Dämon Usglom herausgefordert und ihn nicht ersäuft hat, wie er glaubte. Die Opferaltäre der Gottheiten flammen von Opfern auf, um von den guten, schützenden Göttern Hilfe zu erflehen. Umsonst, das Toben in der Kratergegend wird immer ärger, die Erdbeben folgen immer schneller. Ich sehe Artaya und Karmuno. Sie will fliehen vor der Katastrophe, aber Karmuno gibt es nicht zu. Als Vertreterin der Gottheit muß sie in dem Tempel bleiben, oder das Volk rebelliert vollständig. Sie ist jetzt die personifizierte Gottheit. Flieht sie, so bedeutet das, die Gottheit wende sich von dem Haupttempel ab. Artaya wehrt sich, sie befiehlt, sie will ihre Freiheit. Karmuno, dieser Dämon in Menschengestalt, verlacht sie hohnvoll und sperrt sie gewaltsam in den Tempel der Schönheit. Er befiehlt zwei Dienern, sie beim geringsten Fluchtversuch niederzustechen; Artaya muß sich als Göttin täglich dem Volke zeigen, doch sie zittert für ihr Leben.

Karmuno hält mit seinen Priestern Rat. Es wird beschlossen, daß Arvodo, Rusar und Muhareb mit Upal unbedingt gefangen werden müssen. Karmuno will

Nustra zum Königssitz erheben, die Nähe der Krater macht ihm jetzt den Sitz in Mallona unmöglich. Er zweifelt nicht, daß das Naturereignis sich dort beruhigen wird, doch ist es ihm in dessen Nähe nicht mehr geheuer. Den neuen Königsthron, der ihm bald zufällt, will er dann mit den Seinen in Ruhe genießen. Seine Absicht findet ungeteilten Beifall.

Da geschieht Furchtbares. Plötzlich erbebt das ganze Land. Mit fürchterlichem Getöse springt eine Feuerflut in der Kratergegend empor; ein furchtbares Erdbeben durchschüttelt die Hauptstadt. Die meisten Häuser, auch der Schönheitstempel stürzen zusammen. Er begräbt unter seinen Trümmern Artaya, die Priesterschar und eine Menge der Einwohner, die zu ihm geflüchtet waren. Entsetzen und wahnsinniger Schrecken ergreift die Überlebenden. Alles flüchtet planlos, nur besorgt, das Leben zu retten. Karmuno und Areval verlassen die Königsburg mit wenigen Getreuen. Es gelingt ihnen, einen der schnellfahrenden Wagen zu erlangen und in rasender Eile fliehen sie nach Nustra. Kaum haben sie die Stadt verlassen, stürzt durch einen neuen Stoß die Königsburg zusammen.

Ich sehe den Erdteil Nustra, dort verspürt man nichts von der unseligen Katastrophe. Karmuno langt mit Areval in Nustra an. Neue Schreckensnachrichten sind dort eingelaufen. Boten und Flüchtige aus Monna treffen ein. Die fast erloschenen Krater Monnas an der Meeresküste fingen wieder zu toben an, und plötzlich senkte sich die ganze Küste.

Eine ungeheure Flut überströmte das Land in tosender Wut, erreichte die Hauptstadt und setzte sie unter Wasser. Der Monnor kam in den Fluten um, die mit rasender Schnelligkeit daherstürzen; ebenso fast die gesamte Bevölkerung des südlicheren Teils. Nur die südlichste hochgelegene Spitze von Monna blieb unberührt. Areval hörte diese Berichte mit dem stieren Ausdruck des Blödsinnigen an. Dann begreift er und nochmals rafft sich in diesem zerrütteten Geist die letzte Tatkraft auf.

„Ich will sehen, ob ich Sieger bin oder nicht!“ schreit er auf. „Von den Bergen Sutonas will ich den Sieg meines Geschlechtes sehen. Du, Karmuno, begleitest mich.“ Dieser Befehl kommt dem Höchstpriester sehr gelegen, denn auch er sagt sich, daß das Gebirge Sutonas der sicherste Zufluchtsort sein dürfte.

Ich sehe Upal in seinem Luftschiff durch die Lüfte segeln. Er zieht auf Kundschaft aus, um zu überblicken, was in den Ländern geschieht. Von der Höhe aus fällt ihm das leicht. Auch ist er entschlossen, die nach Nustra führende Brücke zu verteidigen oder zu zerstören, falls Gefahren drohen.

Die Nordküste von Sutona hat die Flutwelle, die Monna überschwemmte, ebenfalls getroffen, doch nicht geschädigt. Die niedrigen unbewohnten Küstengebiete wurden zwar überflutet, doch hemmte alsbald das aufsteigende Land die Fluten.

In Upals Herzen glüht die Rache. Er sieht den Untergang des Volkes klar vor sich. Muharebs letzte Worte entzündeten in ihm eine Art Sterbensfreudigkeit; er weiß, sein Leben endet. Doch will er es nicht beschließen, ohne sich gerächt zu haben an jenen, denen er die Schuld für alles Elend aufbürdet.

Er bewacht darum die Zugangsstraße von Nustra und sieht seine Vorsorge belohnt. Er kennt den königlichen Wagen, der dort heranrollt und ahnt, daß in ihm Areval flieht. Schnell wie ein Raubvogel schießt das Luftschiff von der Höhe herab. Im Wagen ist dies sofort bemerkt worden. Der Wagen hält, in weiter Ferne kommen andere Wagen heran mit Gefolge des Königs. Upal errät Arevals Absicht, mit deren Hilfe ihn möglichst zu verderben. Er lenkt sein Schiff den noch weit entfernten anfahrenden Wagen entgegen und wirft aus sicherer Höhe einen glänzenden Gegenstand mitten auf die Brücke.

Ein furchtbarer Krach ertönt. Die Brücke wankt, ein Bogen ist gesprengt und versinkt in den aufgeregten Fluten des Meeres. Arevals Wagen ist nun von seinen Helfern abgesperrt. Jetzt treibt Upal sein Flugschiff zur höchsten Geschwindigkeit an. Pfeilschnell fliegt der königliche Wagen dem Festlande zu, doch Upal überholt ihn. Wieder wirft er einen Sprengkörper aus, der die Brücke trifft. Ein abermaliges gewaltiges Krachen und die Weiterfahrt ist gesperrt.

Der Wagen ist gezwungen zu halten. Ihm naht sich jetzt das Flugschiff. Es schwebt außerhalb der Brücke, und Upal sieht die verzerrten Gesichter Arevals und Karmunos aus dem Wagen lugen.

„Verlaßt den Wagen“, herrscht er beide an, „oder ich zerschmettere euch!“

Der König und der Höchstpriester gehorchen. „Fahre zurück soweit du kannst!“, befiehlt er dem Wagenlenker. Zitternd geschieht es. Upal lenkt jetzt sein Luftschiff auf die Brücke und in kurzer Entfernung steht es vor den einst Gewaltigsten Mallonas.

Upal behält seine Feinde fest im Auge. Er greift vom Boden der Gondel eine Art Lasso auf und wirft ihn auf Karmuno. Ehe dieser durch eine schnelle Bewegung sich den Schlingen entziehen kann, gleiten diese bereits um seinen Körper. Ein scharfer Ruck und Karmuno stürzt gefesselt zusammen. Jetzt springt Upal aus seinem Luftschiff, stürzt sich auf den erstarrt dastehenden Areval und packt ihn mit gewaltiger Kraft. Er hebt ihn hoch empor und ihm zurufend: „Du ersäufst den Usglom, ich ersäufe dich!“ schleudert er den König über den Rand der Brücke in die Fluten des Meeres.

Mit grimmigem Haß wendet er sich jetzt zu Karmuno, umschnürt ihn noch fester mit Stricken und ruft hohnlachend: „So schnell soll es mit dir nicht gehen. Zu heiß war stets dein Begehren. Ich will darum für deine Kühlung sorgen!“ Er trägt den Gefesselten in das Flugschiff und steigt mit ihm in die Lüfte, Sutona zu. —

Auch ich schwebe jetzt hoch im Äther und übersehe die weiten Lande. Mallona ist eine Wüste. Es zischt, braust, donnert und kracht in jenen Gegenden, wo einst nach dem Rod und dem Orostein gesucht wurde. Berge sind gestürzt und frei ergießt sich das Meer in die fürchterlichen Feuerschlünde, die ich schon beschrieb, als ich Mallona zum erstenmale betrat. Ein schrecklicher Kampf der Elemente ist entbrannt. Erstickende Dünste quellen auf und fahren mit Sturmgeheul und der rasenden Geschwindigkeit entspannter Dämpfe über den Erdboden hin. Mit giftigem Hauche töten sie alles Lebende. Auch in Monna toben die entfesselten Elemente. Es scheint, daß ein Zusammenhang zwischen den Kratergegenden besteht. Es ruckt und preßt im Inneren des Erdballs. Noch hält die feste Schale des Planeten, noch trotzt sie der ungeheuren Spannung der entstandenen Dämpfe.

Immer finsterer, immer giftgeschwängerter wird die Atmosphäre. Jetzt ballt sich von beiden Feuerherden eine gewaltige Dunstmasse auf; sie breitet sich aus und überzieht den Erdteil Nustra. Die Dunstmassen treffen sich, fließen zusammen und stürzen jetzt über Nustra hin dem Süden zu. Sutonas Stunde schlägt.

Noch einmal dringt mein Blick nach Ksontus Schloß. Im stummen Schrecken sehe ich den Sutor, Curopol, die beiden Brüder und Diener auf der Zinne des Schlosses stehen und gegen Norden schauen. Dort türmt sich fern am Horizont eine dunkle Wolkenwand empor, die langsam wachsend sich nähert. Da surrt es in den Lüften: Upals Luftschiff streicht über das Schloß hin, es fliegt dem nächsten Gletscher zu. Immer höher steigt es den Schneefeldern entgegen.

Oben angelangt, nimmt Upal den gebundenen Höchstpriester wie ein Kind in seine Arme, bettet ihn in den Schnee und sagt voll Grimm: „Jetzt kühle dich, Gewaltiger! Rufe deine Götter, deine Priester! Nichts kann dich mehr retten!"

Er kehrt zum Flugschiff zurück und läßt es niederschweben. Karmuno hat keinen Laut von sich gegeben. Vergeblich sucht er sich von den Fesseln zu befreien. Dann wird er still und bereitet sich zum Sterben. —

Immer näher ist die dunkle Wolke herangerückt. Furchtbare Schwüle, heiße Dünste gehen ihr voraus. Da plötzlich ein Sausen und Brausen. Ein Orkan bricht los mit giftigem Hauche und tötet im Nu alles Lebende. Hoch in den Lüften wird das Luftschiff Upals wie eine Feder hin- und hergeworfen, seine Teile wurden zerfetzt, zerbrochen. —

Auf Mallona gibt es nichts Lebendes mehr.

DIE LETZTE VISION

Ich schwebe fern von Mallona im Weltenraum. Der Planet ist umgeben von Dämpfen, sodaß von seiner Oberfläche nichts zu sehen ist. Da zuckt es plötzlich hell auf. Flammen sprießen aus den Dünsten, und ich sehe wie der Erdball in tausend Trümmern auseinandersprengt. Die Monde, die ihn umgaben, verlieren ihren Umlaufkreis und irren mit den Trümmern im Raume umher. Nach allen Seiten schießen gleich Sternschnuppen die Reste des gewaltigen Weltkörpers. Teile treffen auch auf die andern Planeten unseres Sonnensystems und können erzählen von jener furchtbaren Schicksalstragödie im Weltenraum.

Jetzt sehe ich, wie eine glänzende Gestalt herniedersteigt, gleichsam wie aus dem Kern Mallonas entstanden. Sie schwebt der Sonne zu. Ein siebensterniges Strahlendiadem schmückt das Haupt, die Hand hält eine Friedenspalme, unendliche Güte und Milde zeigt das Antlitz. Die Gestalt winkt mir zu und spricht:

„Gib Kunde von dem, was du gesehen! Einst sollte Mallona der Träger höchster Liebe werden. Es sollte ein Menschengeschlecht erzeugen, dem freie Selbstbestimmung eigen, damit es die höchsten Güter des Geistes erringe und gottähnlich werde. Nur dort, wo der Mensch ein Engel oder Teufel werden kann, erblüht die Freiheit des Geistes. Erkennt er die Liebe Allvaters und die Weisheit Seiner Gesetze, so besiegt er den Tod und erringt das ewige Leben. Verschmäht er beides, trifft ihn sicherer Untergang. Nur *eine* Kraft herrscht im All, nur *eine* weisheitsvolle Liebe. Sie kennt die Wege und die besten Mittel des ewigen Schöpfungsplans.

Ein anderer Planet wird jetzt erwählt, Träger der

höchsten Liebe zu werden. Sieh dort hinab, du kennst ihn wohl, es ist dein irdisches Heimattal. In dieser Stunde entsteht dort der erste Mensch, dem tief ins Herz Ich pflanze den Geistessamen höchster Menschenwürde. Nichts wird ihn hemmen fortzuschreiten zu höchster Stufe der Kultur, vergißt er der Liebe nicht. Geistesfreiheit wird das neue Geschlecht dann erringen und über alles Böse triumphieren!"

Die Gestalt senkt sich hinab und ich sehe die Erde immer näher kommen. Ich erkenne ihre Oberfläche und sehe die Entstehungsperiode, die man heute die Tertiärzeit nennt. Ich erkenne in wilden Gegenden längst ausgestorbene Tiergattungen, sehe den Höhlenbären und auch den Urmenschen.

Da glüht plötzlich im Osten ein rosiges Licht. Ein gelindes Brausen zieht durch die Lüfte und mir ist es, als flüstere mir eine Stimme zu:

„Dort im fernen Osten ward jetzt ein Menschenpaar geboren als das erste, dessen Seelen das Samenkorn des ewigen Geistes empfingen. Von diesem werden nunmehr die Völker ausgehen, die einst wandeln sollen im Lichte der Wahrheit!" —

NACHWORT

Die Hellseherin übermittelt uns noch ein Bild. Sie sah ein fremdes Land, das sie durch die Pyramidenbauten als Ägypten erkannte.

Eben wurde der Grund zu einem Tempelbau gegraben. Da stieß man auf harten Boden und fand einen riesigen Block, der wie gebrannter Ton aussah. Mühsam wurde das harte Material aufgeklopft und stückweise entfernt. Plötzlich zeigte das Innere halbverbrannte Gebeine. Die Reste eines Menschen von gewaltiger Figur kamen zum Vorschein, fest eingebettet in hartgebranntem Ton. Priester kamen hinzu, den merkwürdigen Fund zu besichtigen. Unter ihrer Leitung wurde der Block genau untersucht.

Das Skelett wurde aus seiner harten Umgebung befreit. Es trug an der rechten Hand die Reste eines Metallringes, an dem noch eine Gemme hing. Dieses unbekannte Zeichen blieb viele Jahre als Heiligtum im Tempel. Die Römer brachten dann den Stein nach Italien, und bei der Völkerwanderung wurde er mitgenommen und vergraben. Nach vielen Jahren fand ihn ein Mann, der ihn als Ring wieder fassen ließ und ihn seiner Familie als Seltenheit vermachte.

Dieser Ring sprach uns von den vergangenen Zeiten des untergegangenen Planeten Mallona, dessen Dasein bisher niemand ahnte.

Ob seine Geschichte wohl wahr ist? — wird mancher versucht sein zu fragen. Wichtig ist es, daß die Kunde von Mallona eine *Warnung* birgt, die jeder finden kann, der von dem Untergang hörte und die Entwicklung der heutigen Menschheit mit dem wachen Blicke des Geistes verfolgt...

NAMENVERZEICHNIS

in alphabetischer Reihenfolge)

Personen der Handlung

Areval: Zweiter Sohn König Mabans.
Artaya: Tochter König Arevals.
Arvodo: Oberster Feldherr in Mallona.
Curopol: Oberpriester von Sutona.
Fedijah: Schwester Upals.
Furo: Stammvater d. Geschlechtes von Mallona.
Karmuno: Oberster Priester von Mallona.
Ksontu: ehem. Gewaltherrscher von Sutona.
Maban: ehem. König von Mallona.
Mansor: Oberpriester von Nustra.
Mirto: Erfinder der Ätherkraft-Verwertung.
Muhareb: Erster Sohn König Mabans.
Muraval: Sohn Arevals und Fedijahs.
Numo: Mystischer Lehrer in Monna.
Nustror: Titel d. Statthalters von Nustra.
Rusar: Arvodos Bruder, Statthalter von Monna.
Sutor: Titel d. Statthalters von Sutona.
Upal: Bruder Fedijahs, Gegenspieler Arevals.

Mythologische Namen

Anarbe: Göttin der Schönheit.
Munga: Tochter Usgloms.
Nimri: Symbol der Schlangenlist.
Schodufaleb: Name der höchsten Gottheit.
Usglom: Dämon des Feuers.
Weiskee: Mythische Sagengestalt.

Geographische Namen

Mallona: Hauptkontinent des Planeten.
Marda: Vulkan im Wirdu-Gebirge.
Monna: Zweiter Kontinent:
Nustra: Dritter Kontinent.
Resma: Stadt in Mallona.
Sutona: Vierter Kontinent.
Wirdu: Felsengebirge in Mallona.

Sachnamen

Maha: Treibmittel, aus Nimah gewonnen.
Manga: Chemischer Leuchtstoff (kaltes Licht).
Nimah: Sprengmittel von atomarer Kraft.
Orostein: Edelstein, Abzeichen d. Königsmacht.
Rod: Weißes Gestein, Zahlungsmittel.

Was die Christen wirklich eint

Das Apostolische Glaubensbekenntnis und die Geistkirche der Zukunft von Franz Deml

In dem neuen Buch von Franz Deml geht es um die hochaktuelle Frage: Wie kann die Christenheit nach jahrhundertelangem Auseinanderdriften in eigenständige Konfessionen und Sekten, mit oft sehr gegensätzlicher Auslegung des Evangeliums, wieder zu einer Einheit zusammenfinden? Als festestes gemeinsames Band erweist sich immer noch das Apostolische Glaubensbekenntnis. Seine einzelnen Glaubensartikel können aber erst heute in ihrer ganzen Tiefe erschlossen werden mit Hilfe der Prophetie Jakob Lorbers. So ist es ein Gebot der Stunde, im Hinhören auf die Stimme des Heiligen Geistes den eigenen Glauben vertieft neu zu empfangen, mit dem unendlich geweiteten Horizont, den uns die Neuoffenbarung schenken kann.

Ihre Glaubenserschließung geht weit über das Apostolische Glaubensbekenntnis hinaus, denn sie umfaßt den ganzen Heilsplan Gottes und vermittelt die tiefsten Erkenntnisse auch über die Natur des Weltalls und ihre zugrundeliegenden Kräfte. Sie gibt uns vor allem auch Aufschluß über das „Nachher", das heißt über die Entwicklungswege der Seele nach dem Tode, weswegen der Verfasser seinem Buch ein eigenes umfangreiches Kapitel über „das große Jenseitsreich" angliederte. Es ist die notwendige Ergänzung zu dem Glaubensartikel „Ewiges Leben".

Im ganzen wird nachgewiesen, daß das Einheitsstreben der heutigen Christen erst dann seine Erfüllung findet, wenn das in der Johannes-Offenbarung verkündete „Ewige Evangelium" — enthalten in der Neuoffenbarung durch Jakob

Lorber — zu seiner letzten Auswirkung gelangt. Erst dann wird sein „ein Hirt und eine Herde“; ja alle Nationen der Erde, erst recht aber die sogenannten Hochreligionen werden darin ihren Platz finden und schließlich zu einer Einheit zusammenwachsen, denn es kann auch ihre begründeten Glaubensvorstellungen, wie etwa die Präexistenz der Seele, in seine größere Weite aufnehmen und verwirklichen. 432 Seiten, broschiert.

Ein Wanderer im Lande der Geister

Franchezzo

Sein Mitleid mit der unwissenden Erdenmenschheit um die geistigen Gesetze von Ursache und Wirkung veranlaßte den Geist Franchezzos, der Welt einen genauen Bericht seiner sphärischen Ab- und Aufstiege in der jenseitigen Wirklichkeit zu vermitteln. Franchezzo beschönigt keine Fehler seines sündenreichen Erdenlebens und zeigt die Folgen im Jenseits auf. Gestalthaft lebendige Umweltbilder — alles Symbole seiner Erdentaten — treten ihm entgegen und müssen überwunden werden. Bindungen, die er seelisch durch sein gutes oder böses Tun auf Erden geknüpft hat, führen ihn wieder mit ihren Trägern zusammen; sie bringen ihm Hilfe oder bilden unüberwindliche Schranken für einen höheren Aufstieg. Viel vermag das Gebet, mehr noch die reine Liebe eines Mädchens, deren Strahlung sich wie ein schützender Mantel um Franchezzo und seinen Läuterungsweg breitet, bis seine Seele durch tätige Reue und vergebende Liebe ein neues „Kleid" empfängt, das ihr den Zutritt in immer vergeistigtere Sphären gewährt. 328 Seiten, gebunden.

Nahe an 2000 Jahre

Die großen Prophezeiungen des Abendlandes
M. Kahir

Alle großen Seher der Vergangenheit und Gegenwart kommen zu Wort. Am Ende sehen wir, daß neben dem Untergehenden alle echten Geisteswerte weiterbestehen, die nach einer Zeit des Leidens ein neues Menschheitserwachen bringen werden. 340 Seiten, gebunden.